Immobilientrends

REINHOLD PACHOWSKY

Immobilientrends für Profis

Neue Märkte – Konjunktur – Preisentwicklung

Immobilientrends

WALHALLA
Regensburg · Bonn

Die Deutsche Bibliothek – CIP-Einheitsaufnahme

Pachowsky, Reinhold:
Immobilientrends für Profis : neue Märkte – Konjunktur –
Preisentwicklung / Reinhold Pachowsky. – Regensburg ; Bonn :
Walhalla, 1997
(Geld & Gewinn)
ISBN 3-8029-3335-4

Zitiervorschlag:
Reinhold Pachowsky, Immobilientrends für Profis,
Regensburg, Bonn 1997

Hinweis: Unsere Ratgeber sind stets bemüht, Sie nach bestem Wissen zu informieren. Die vorliegende Ausgabe beruht auf dem Stand September 1997. Verbindliche Auskünfte holen Sie gegebenenfalls bei Ihrem Steuerberater oder Rechtsanwalt ein.

Produktion: Walhalla Datenbank
Printed in Germany
ISBN 3-8029-3335-4

Verlagsverzeichnis schickt gerne:
Walhalla Fachverlag
Haus an der Eisernen Brücke
93059 Regensburg

walhalla@walhalla.de

Nutzen Sie das Inhaltsmenü:
Die Schnellübersicht führt Sie zu Ihrem Thema.
Die Kapitelüberschriften führen Sie zur Lösung.

Schnellübersicht

Inhalt

Inhalt

3 Zu teures Bauen und unzumutbare Vermietung

Inhalt

Vorwort

Vorwort

Der Immobilienbranche und allen, die privat oder beruflich mit Immobilien zu tun haben, stehen große Veränderungen bevor. Jeder spürt es, es „liegt in der Luft“, aber nur wenige haben Zeit, sich mit der Zukunft ausführlich zu befassen. Wenn ich Ihnen eine Empfehlung geben darf: Sie sollten es tun.

Ich habe versucht, über diese anstehenden Veränderungen nachzudenken und mir vorzustellen, wie die Immobilien-Zukunft aussehen könnte. Ich kann allerdings nicht hellsehen, und dies wäre auch abzulehnen, denn mir persönlich widerstrebt sämtliches „Kaffeesatzlesen“. Ich bin vielmehr sachlich vorgegangen.

Im Teil A habe ich Fakten und Erkenntnisse gesammelt, zum Beispiel über die Konjunktur, über Single-Haushalte, demographische Entwicklungen usw. und das Immobilienrecht analysiert. Überhaupt befasse ich mich in diesem ersten Teil mit der nüchternen Analyse, ohne mit meiner Meinung vorzugreifen. Damit möchte ich Ihnen, der Leserin bzw. dem Leser, die Möglichkeit geben, sich Ihre eigene Meinung zu bilden.

Dieser Analyse folgt im Teil B das Ergebnis und die Weiterentwicklung in die Zukunft. So wie ein Stein nach dem anderen ein Mosaik ergibt, so ergibt – auf die Immobilienbranche bezogen – ein Fakt nach dem anderen ein Ergebnis, das für die Immobilienentwicklung nicht schmeichelhaft ist.

Auch habe ich insgesamt für die Immobilien-Zukunft nicht sehr Angenehmes zu berichten. Alle Beteiligten sind zu lange vom Staat verwöhnt worden, und es wird schwer werden, sich auf die neuen Verhältnisse einzustellen. – Jedoch, je schneller diese Umstellung erfolgt, um so schneller werden die Schwierigkeiten überwunden sein.

Mit diesem Buch will ich die Diskussion anregen, die Veränderungen anzugehen. Natürlich werden viele anderer Meinung sein, denn Immobilien sind sehr stark mit (politischen) Meinungen verbunden, wie beim Miet- oder Baurecht. Anderen, die sich vielleicht angegriffen fühlen, sei versichert: Es ist nicht persönlich gemeint.

Vorwort

Noch nie hat jemand vor mir ein ähnliches Immobilienbuch alleine geschrieben. Ich habe mich bemüht, die Zusammenhänge aus objektiver Sicht, soweit dies überhaupt möglich ist, darzustellen, und hoffe, Ihnen mit meiner Meinung einige zusätzliche Anregungen geben zu können.

Ich wünsche Ihnen mit diesem Buch alles Gute für die Zukunft.

Reinhold Pachowsky

Falls Sie mit mir in einen Dialog eintreten möchten, sind Sie hierzu herzlich eingeladen. Schreiben Sie einfach an:

IMI Immobilien-Institut
Reinhold Pachowsky
Löbleinstraße 21
90409 Nürnberg
Telefon: 09 11/36 76 80, Telefax: 09 11/36 75 65
e-mail: iminst@t-online.de

Einleitung: was wird die Immobilien-Zukunft bringen?

Diese Frage stellt sich fast jeder, der über Immobilienbesitz verfügt und/oder beruflich mit Immobilien umgeht. Dabei haben wir erst eine große Veränderung hinter uns:

Als in Deutschland 1989/1990 die Wende kam, und die Menschen euphorisch waren, fragten mich Freunde: „Pachowsky, Du verstehst doch was von Immobilien, was soll ich tun? Sofort Immobilien kaufen?“ Ich sagte damals sinngemäß: „Wenn Du Geld übrig hast und spekulieren willst, dann spekuliere. Wenn Du ein Kaufmann bist, dann warte noch ein bißchen ab.“ Beide, Spekulant und Kaufmann, hatten ihre Chancen.

Nun kommt durch die nachlassende Konjunktur, durch den Euro, die Arbeitslosigkeit usw. wieder eine dramatische Änderung auf die Immobilien zu. Nur, die Antwort ist diesmal so einfach nicht. Juristen verwenden in solchen Situationen gerne den Terminus: „Es kommt darauf an.“ Durch den Euro zum Beispiel, wann immer er kommt, treffen kulturell und sprachlich verschiedene, strukturell gefestigte Länder mit eigenen Regierungen aufeinander. Es kommt also in der Tat auf die jeweilige Ausgangssituation an.

Kapitalanleger und Immobilien-Investoren werden sich sicher fragen:

- Soll ich meine Immobilien verkaufen?
- Soll ich noch vor dem Euro in Immobilien investieren, also Immobilien kaufen? (Die sogenannte „Flucht in die Sachwerte“ antreten?)
- Soll ich mein Geld vor dem Euro in Sicherheit (ins Ausland) bringen?

Oder generell:

- Verändert sich durch die globalen Entwicklungen auch der Wert – positiv wie negativ – meiner Immobilie?
- Wird die Immobilien-Konjuktur besser oder schlechter?

Auf diese und weitere Fragen soll dieses Buch fachlich-solide Antworten sowie Hinweise geben, in welche Richtung sich der Immobilienmarkt weiterentwickeln wird. Diese Entwicklung hat einen entscheidenden Einfluß auf die Immobilienpreise. Die Kaufpreise wiederum haben Einfluß auf die Miete, und die Miete bestimmt in einem wesentlichen Maße die Rendite. Die Rendite wiederum ist ein Maßstab, ob sich Investitionen in Immobilien lohnen. So schließt sich der Kreis.

Dieses Buch beginnt mit einer Analyse der Immobilienkonjunktur und dem Beweis, daß die Immobilienkonjunktur, bisher jedenfalls, anders verläuft als die übrige Wirtschaftskonjunktur. Und diese Erkenntnis hat weitreichende Folgen. Auch die Nachfrage auf den Immobilienmärkten ist nicht mehr das, „was sie einmal war". Auch dieser Ursache werden wir auf den Grund gehen.

Die Untersuchungen zum „kostengünstigen Bauen" haben ergeben, daß unsere EG-Nachbarn überwiegend wesentlich günstiger bauen. „Warum also ist in Deutschland das Bauen so teuer?" ist die Frage im Kapitel 3 und die Konsequenz wird sicher nicht ausbleiben.

Nach diesen Aussagen kommen wir auf das Fundament zurück mit der Antwort zur Frage: „Auf welche Kriterien kommt es bei Immobilien wirklich an?" Diese Empfehlungen dürften für jeden Immobilien-Investor von grundlegender Bedeutung sein.

Nach diesen Analysen blicken wir in die Zukunft. Die Themen sind greifbar nahe: Einführung des Euro, die Globalisierung und die Veränderungen der Märkte usw.; diese Einflüsse werden in verschiedenen Szenarien dargestellt. Wertvolle Hinweise und Empfehlungen werden nicht fehlen, um Sie und Ihre Immobilienaktivitäten „bereit für die Zukunft" zu machen.

Teil A: Immobilien-Analyse *heute*

A

Immobilien-Analyse

Die Immobilienkonjunktur

1

Immobilienkonjunktur

1. Was ist auf dem Immobilienmarkt los?

Struktur-Wandel

Die wirtschaftliche Situation in Deutschland ist zur Zeit durch einen ausgeprägten Strukturwandel gekennzeichnet. Arbeitskräfte werden in großer Zahl entlassen, die Arbeitslosenquote steigt, die kommunalen Haushaltskassen sind leer, Aufträge und Umsätze gehen zurück. Und jetzt noch der Euro! Kein Wunder also, daß die Presse die wildesten Szenarien verbreitet und weite Kreise in bezug auf die Zukunft von Immobilien verunsichert sind. Vor allem ist der Eindruck entstanden, daß Politiker und Persönlichkeiten des öffentlichen Lebens selbst nicht so recht wissen, wie es künftig weitergehen soll.

Es ist eine Lebenserfahrung, daß es nicht immer nur bergauf gehen kann, sondern daß nach dem Bergauf ein „Abwärts" folgt und in einer solchen Abwärtsbewegung befindet sich derzeit auch die Immobilienkonjunktur.

2. Die Immobilienbranche in der Krise

Krise in der Bauwirtschaft

In der Bauwirtschaft spricht man von einer der schwersten Krisen seit dem Bestehen der Bundesrepublik Deutschland. Als „Kampf ums nackte Überleben" bezeichnete Ulrich Weiß, Präsident der Bundesvereinigung Mittelständischer Bauunternehmen (BVMB), die aktuelle Situation 1997. 1996 habe es im Baugewerbe über 6000 Insolvenzen und 200 000 zusätzliche Arbeitslose gegeben. Ein Ende der Krise sei nicht in Sicht. Hauptursache seien, neben anderen Punkten, die schlechten wirtschaftlichen Rahmenbedingungen, die sich in den vergangenen Jahren eher verschlechtert als verbessert hätten. Eine Flut von komplizierten, unüberschaubaren und häufig praxisfremden Gesetzen sei über die Unternehmen hereingestürzt. Bewerbungen um öffentliche Aufträge würden zudem häufig durch vergabefremde Aspekte wie Auflagen im Bereich der Frauen- und Lehrlingsförderung erschwert.[1]

Rückgang des Bauvolumens

Wettbewerbsdruck

Der Rückgang des Bauvolumens beruht auch auf einem Einbruch der Investitionen der öffentlichen Hand, aber auch auf einer spürbaren Abschwächung im Wirtschafts- und im Wohnungsbau. Billiglohnanbieter aus der Europäischen Union erhöhen den Wettbewerbsdruck zusätzlich. Beides führt zu einer starken Zunahme der Insolvenzen und einer wachsenden Arbeitslosigkeit, selbst bei qualifiziertem Personal.[2]

Sinkende Immobilien- und Mietpreise

Verkaufsumsätze gehen zurück

Diese Entwicklung geht auch am Immobilienmarkt nicht spurlos vorbei. Die Verkaufsumsätze gehen drastisch zurück, Wohnungen, Büros, Läden usw. stehen leer. Die Immobilienpreise geben auf breiter Front nach, denn Käufer sind immer seltener in Sicht und diese wenigen erwarten hohe Preisabschläge.

Aber auch die Mietpreise in den bestehenden Immobilienobjekten geben nach, weil auch hier die Nachfrage zurückgegangen ist. Die Zahl der Mietrückstände und Zwangsräumungen steigt. Die Ursache für diese Vorgänge ist klar:

Immobilienmarkt wird zum Käufermarkt

Der Immobilienmarkt ist wieder einmal von einem Verkäufermarkt in einen Käufermarkt bzw. Mietermarkt umgeschlagen. Mieter- bzw. Käufermarkt bedeutet: es sind mehr Anbieter als Nachfrager vorhanden bzw. das Angebot ist größer als die Nachfrage. Der Käufer hat die freie Auswahl, und dieser Umstand drückt in freien Märkten auf den Preis.

Die Immobilienkrisen

Das Umkippen von einem Verkäufer/Vermieter-Markt in einen Käufer/Mieter-Markt ist nicht neu:

„Am deutschen Immobilienmarkt hat die Stimmung einen bisher nie gekannten Tiefpunkt erreicht. Täglich neue Meldungen über Konkurse von Bauträger- und Baufirmen, Halden von unverkauften und unvermieteten Wohnungen, extrem hohe Zinsbelastungen und ein gravierender Auftragsschwund in der Bauindustrie kennzeichnen die gegenwärtige Situation ..."[3]

Zweite Krise im Jahr 1974

Diese Aussage stammt aus dem Jahr 1974 und beschreibt die zweite Krise in der Immobilienbranche mit ähnlichen Symptomen:

- Am Wohnungsmarkt besteht ein Überangebot aufgrund der bisherigen überhitzten Wohnungsbaukonjunktur.
- Im Wirtschaftsbau ist aufgrund der Geschäftsaussichten und der ungewissen Konjukturerwartungen vorübergehend mit einem Rückgang der Bauinvestitionen zu rechnen. Auch mit einer Stagnation der Nachfrage nach Gewerberaum.
- Das Vertrauen in Immobilienanlagen ist erschüttert, da Rendite- und Wertzuwachs-Erwartungen vielfach enttäuscht wurden.
- Soziale Mietgesetzgebung und die von der SPD geforderte „Bodenrechtsreform" verunsichern Haus- und Grundeigentümer.[4]

Dritte Krise um 1980

In der dritten Krise in den 80er Jahren traten wiederum ähnliche Symptome auf, vor allem standen Wohnungen in Hochhäusern in einem solchen Maße leer, daß man bereits offiziell über einen „Rückbau" (= Abriß) der oberen Stockwerke nachdachte.

Die derzeitige vierte Krise ist also nicht neu, aber für die Branche ungewohnt, weil in der weitaus überwiegenden Zeit seit dem Kriege ein Verkäufer- bzw. Vermietermarkt herrschte, der die Immobilienbranche verwöhnte.

3. Die Wirtschaftskonjunktur

Es stellt sich deshalb die Frage: Nach welchen Regeln verläuft eigentlich die Immobilienkonjunktur?

Um diese Frage beantworten zu können, sollten zunächst in aller Kürze die Regeln der allgemeinen Wirtschaftskonjunktur vor Augen gehalten werden, denn natürlich kann die Immobilienkonjunktur nicht unabhängig von den allgemeinen Regeln der Wirtschaftskonjunktur betrachtet werden.

Die Konjunkturpolitik ist die Gesamtheit aller Maßnahmen, die auf die konjunkturellen Schwankungen einwirken sollen. Hierzu gibt es kein einheitliches Konzept. Es stehen sich, vereinfacht ausgedrückt, vor allem zwei Hauptrichtungen gegenüber: Fiskalismus und Monetarismus.

Konjunktur-Theorien: Fiskalismus und Monetarismus

Die Angebotspolitiker (Monetaristen) sind der Meinung, daß die Ursache wirtschaftlicher Schwankungen fehlerhafte staatliche Eingriffe in das Marktgeschehen sind und die Steuerung der Konjunktur bzw. die Förderung des Wachstumsprozesses am besten gelingt, wenn die Wirtschaft über die Geldmenge stabilitätsgerecht gesteuert wird. Dieser Ansicht treten die Verfechter der Nachfragepolitik (Fiskalismus) entgegen, die der Meinung sind, daß sich die Schwankungen der Konjunktur von inflatorischen und deflatorischen Lücken hervorgerufenen Anpassungsprozessen ergeben und die Geldmengenpolitik kein geeignetes Mittel der Konjunkturpolitik ist.[5]

Tatsache ist, daß die Konjunktur Schwankungen unterworfen ist, in denen auf Zeiten der Hochkonjunktur (Prosperität) ein Abschwung (Rezession) und anschließend ein Konjunkturtief (Depression) folgt, das wiederum von einem Aufschwung (Expansion) abgelöst wird.

Konjunkturkurve

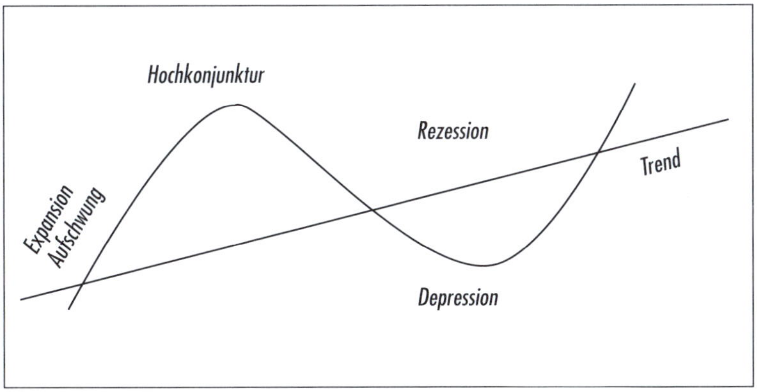

Theoretische Ziele der dt. Wirtschaftspolitik

Dieser Ablauf ist in der Bundesrepublik nunmehr dreimal erfolgt, zur Zeit ist also die vierte Erfahrung im Gange. Im System der deutschen sozialen Marktwirtschaft wird das Hauptziel verfolgt, ein möglichst gleichmäßiges Wachstum des Sozialprodukts zu erreichen. Im Sinne dieses Ziels strebt die Wirtschaftspolitik folgende Unterziele an:

Stabilität des Preisniveaus

Das Preisniveau soll um nicht mehr als 2 % jährlich steigen.

Hoher Beschäftigungsstand

Die absolute Vollbeschäftigung ist zwar ein theoretisches Ziel, aber praktisch kaum zu erreichen. Man spricht deshalb schon von Vollbeschäftigung, wenn die Arbeitslosenquote nicht über 2 % liegt.

Außenwirtschaftliches Gleichgewicht

Sofern Produkte in Deutschland billiger angeboten werden können als im Ausland, erfolgt von dort verstärkte Nachfrage: die Preise steigen. Sofern vergleichbare Produkte billiger im Ausland produziert werden, wird mehr importiert, der Absatz des „made in germany"-Produkts stockt. Import und Export von Waren und Dienstleistungen sollten, als Idealvorstellung, ausgeglichen sein. In Deutschland werden fast 70 % der Exportgewinne im Außenhandel erzielt.

Angemessenes Wirtschaftswachstum

Als ein angemessenes Wirtschaftswachstum gilt ein Anstieg des Bruttosozialprodukts von 3 % bis 4 % jährlich.

Stabilitätsgesetz

Diese vier (und weitere), im deutschen Stabilitätsgesetz verankerten Ziele übernehmen die anderen europäischen Länder im Zusammenhang mit dem Eintritt in die Euro-Wirtschafts- und Währungsunion (dazu später mehr). Diese obigen vier Ziele werden, weil es schon magischer Fähigkeiten bedürfte, um alle diese vier Ziele gleichzeitig zu erreichen, „magisches Viereck" genannt.

Maßnahmen der Bundesbank

Neben dieser staatlichen Konjunkturpolitik kommen Maßnahmen der Deutschen Bundesbank zur Beeinflussung der Konjunktur hinzu. Sie setzt zum Beispiel am Anfang eines jeden Jahres zur Orientierung der Wirtschaft die Steigerungsraten der Geldmenge fest, um inflatorische Wirkungen zu vermeiden.

Steuernder Eingriff des Staates

Abschwung und Depression sind vor allem durch steigende Arbeitslosigkeit und rückläufiges Wirtschaftswachstum gekennzeichnet. In der Regel ergriff der Staat in dieser Situation bisher konjunkturbelebende Maßnahmen, indem er zusätzliche Ausgaben (Investitionen), Subventionen oder Steuervorteile beschloß und sie (überwiegend) durch Aufnahme von Krediten finanzierte.

4. Regeln der Immobilienkonjunktur

In diese allgemeinen Regeln der Wirtschaftskonjunktur ist auch die Immobilienwirtschaft eingebunden. Dennoch sind die Umstände anders. Die Frage ist deshalb: Treffen diese Konjunkturaussagen tatsächlich auch auf die Immobilienwirtschaft zu?

Die Immobilienkonjunktur verläuft anders

Analysiert werden deshalb die bisherigen Konjunkturverläufe. Erschwerend für die Beurteilung der bisherigen konjunkturellen Immobilienmarktsitutation sind in diesem Zusammenhang drei Besonderheiten der Immobilie, die zu folgenden Thesen führen:

- These 1: Der Immobilienmarkt-Konjunkturverlauf bisher war nicht identisch mit der allgemeinen Wirtschaftskonjunktur.
- These 2: Der Immobilienmarkt-Konjunkturverlauf entsprach nicht etwa einer Sinuskurve (mit gleichmäßigen Höhen und Tiefen), sondern er stieg steil an und brach plötzlich ab.

- These 3: Der Immobilienmarkt war (und ist) schon immer kein globaler, sondern ein regionaler Markt. Die Entwicklungen auf den regionalen Märkten waren (und sind) unterschiedlich.

Sollten diese Thesen zutreffen, ergeben sich wichtige Erkenntnisse. Diese Thesen sollen deshalb nun näher untersucht werden, um festzustellen, in welcher Konjunktursituation wir uns derzeit und ggf. zum Zeitpunkt des Euro-Starts befinden.

These 1: Immobilien- und Wirtschaftskonjunktur sind nicht identisch

Anfang 1997: abruptes Ende des Immobilienbooms

Seit etwa 1994 geht es mit der allgemeinen Wirtschaftskonjunktur bergab, aber die Immobilienbranche boomte weiter! In Ost wie West wurde gebaut und gebaut, bis Ende 1996 bzw. Anfang 1997 das abrupte Ende kam. Äußerer Anlaß war das Auslaufen der Steuerabschreibungen Ost. Das Ende wäre aber auch ohne diesen Umstand gekommen, denn schon vor der Wende waren die Zeichen des Abschwungs unübersehbar.

Die Immobilienbranche ist eine „Großfamilie"

Vorab ist zu sagen, daß die Immobilienbranche eine „Großfamilie" ohne erkennbaren Mittelpunkt darstellt. Alle Beteiligten bedingen sich gegenseitig. Die Hauptbeteiligten dieser Großfamilie sind zum Beispiel die Bauwirtschaft (Bauhandwerker), Baumaterialwirtschaft, Architekten, Bau- und Haustechnik-Ingenieure, Bauträgerunternehmen, Wohnungsbauunternehmen und -genossenschaften, Immobilienmakler, Immobilienverwalter, diverse Dienstleistungsbranchen einschließlich Notare, Rechtsanwälte, Steuerberater usw. Und schließlich gehört dazu die Gruppe der sogenannten Investoren, die vom Privatmann bis zum internationalen Immobilienfonds alle Immobilien-Investitionen umfaßt. Die in der Öffentlichkeit auffallendste und sicherlich größte Gruppe ist die Bauwirtschaft, und deren Probleme schlagen unmittelbar auf Konjunktur und Preise durch.

In bezug auf die Symptome speziell der Immobilien-Konjunktur handelt es sich im Prinzip um die gleichen Abläufe wie um 1969 sowie von 1973 bis 1975 und von 1980 bis 1983.

Der Konjunkturverlauf von 1969 bis 1993[6]

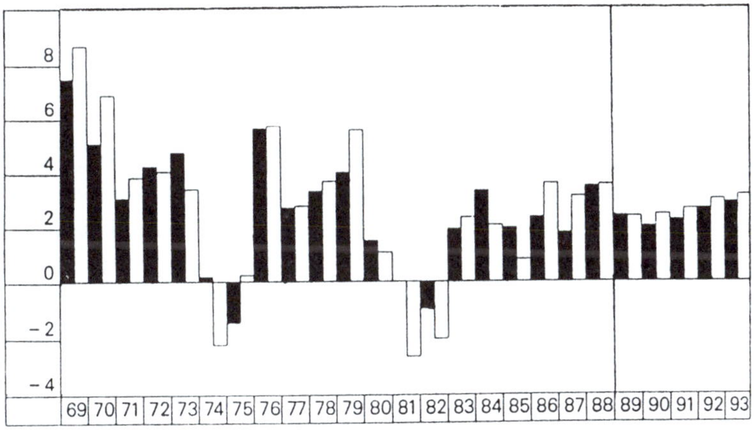

(Veränderungen gegenüber Vorjahr in v.H.)

Reales Bruttosozialprodukt
Reale inländische Verwendung

Bemerkenswert war und ist in allen drei Fällen, daß die konjunkturelle Entwicklung in der allgemeinen Wirtschaft schon einige Jahre vorher nachließ, während der Wohnungsbau noch immer Höchstzahlen an Baugenehmigungen und -fertigstellungen vermeldete.

Konjunktur-„Nachlauf"

Die Immobilienwirtschaft hat offenbar einen konjunkturellen „Nachlauf" von einigen Jahren in bezug auf die allgemeine wirtschaftliche Entwicklung, der mit dem Plan- und Genehmigungsverfahren zusammenhängt. Bis ein Grundstück zur Neubebauung bereit ist, bedarf es den Zustand der sogenannten Genehmigungsreife der Bauordnungsbehörde. Dazu gehört die Beschaffung (Kauf) eines Grundstücks, Erstellung eines Plans durch einen Architekten, Ermittlung der voraussichtlichen Baukosten, Einreichung des Plans bei der Genehmigungsbehörde und Erteilung der Baugenehmigung. Sind diese Voraussetzungen gegeben, beginnt die reine Bauzeit, die je nach Professionalität und Zuverlässigkeit der Bauhandwerker bei rund einem Jahr liegt, so daß bis zum Zeitpunkt, bis die ersten Mieter oder Wohnungseigentümer einziehen können, durchschnittlich zwei bis drei Jahre vergehen. Die reine Grundstücksbeschaffungs- und Planungszeit bis zur Genehmigungsreife bzw. bis zum Anrücken der Bauhandwerker wird allgemein als „Vorlauf" bezeichnet.

Der Vorlauf wird zum Nachlauf

Das Verhängnisvolle an diesem Vorlauf ist, daß er zugleich in einen Nachlauf umschlägt, nämlich wenn die noch in der allgemeinen Wirtschaftshochphase zur Neubebauung beschlossenen, finanzierten und zur Bebauung freigegebenen Grundstücke (z. B. für Eigentumswohnungen, Büros usw.) bebaut werden, obwohl sich zwischenzeitlich die Konjunktur „gedreht" hat. Die Situation ist mit folgender Skizze vergleichbar:

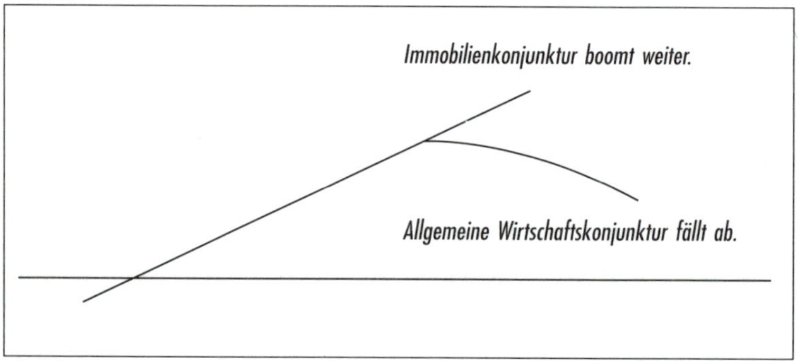

Warnungen werden ignoriert

Die allgemeine Wirtschaftskonjunktur hat ihren Höhenpunkt überschritten und fällt ab, die Immobilienkonjunktur boomt weiter, als wäre nichts geschehen. Die erteilten Baugenehmigungen werden noch fleißig in Neubauten umgesetzt. Am obigen Abzweig der Skizze steht allerdings keine Ampel, die auf Rot umschaltet. Wohl gibt es jeweils deutliche Anzeichen und Signale, aber die Immobilienbranche hat keine diesbezüglichen wissenschaftlichen Marktuntersuchungseinrichtungen, sie waren bisher wohl auch nicht notwendig. Die allgemeinen Warnungen werden jedenfalls von den Bauträgern meistens ignoriert, denn in der Regel sind zu diesem Zeitpunkt tatsächlich alle Objekte noch „gut im Markt".

These 2: Der Immobilienmarkt-Konjunkturverlauf ist keine Sinuskurve

Immobilienbranche als Konjunktur-Lokomotive

Galt es bisher, eine flaue Konjunktur zu beleben, so hat in den genannten drei früheren Fällen stets der Staat den Investor durch das Auflegen von Förderprogrammen und Sonderabschreibungen für den Wohnungsbau angeregt und damit die Konjunktur massiv angekurbelt.

Schnelle Vergabe von Förderprogrammen

Die Förderprogramme wurden, um einen schnellen Anschub zu erreichen, teilweise im „Windhundverfahren" vergeben, d. h., die Schnellsten bekamen finanzielle Mittel, die Langsamen gingen leer aus. Es kam also nicht auf die Bedeutung und örtliche Lage des Projekts, sondern auf Schnelligkeit an.

Eine andere Methode war das „Gießkannenprinzip", d. h., so wie der Gärtner mit der Gießkanne durch den Garten geht und Wasser verteilt, wurden allgemein die Fördermittel verteilt.

Und in der Tat erfüllt die Immobilienwirtschaft eine starke „Lokomotiv-Funktion":

Neue Aufträge

- Jede Wohnung, die gebaut wird, schafft Aufträge an die Bauwirtschaft.
- Neue Aufträge schaffen oder sichern Arbeitsplätze.

Konsumförderung

- Bei jeder Wohnung, die neu bezogen wird, richet sich der Mieter diese Wohnung ganz oder teilweise neu ein, d. h., jede neue geschaffene Wohnung fördert den Konsum.

Konsumnachfrage

- Jeder bisherige Mieter, der in eine Neubauwohnung umzieht und seine derzeitige Wohnung freimacht, in die nun wiederum ein Mieter einzieht und sich ganz oder teilweise neu einrichtet, schafft damit Komsumnachfrage.
- Jede Konsumnachfrage schafft wiederum neue Aufträge.

Neue Arbeitsplätze

- Neue Aufträge schaffen neue Arbeitsplätze.

Damit schließt sich der Kreis, die Konjunktur wird neu belebt. Bislang wurde dieses Prinzip dreimal angewandt. Es war augenscheinlich erfolgreich, aber zu welchem volkswirtschaftlichen Preis?

Die „Schaumwellen-Konjunktur“

Öffentliche Förderung mit Steuerabschreibungen verursacht „Schaumwellen“

Wenn man sich die bisherigen Erfahrungen an den obigen drei Konjunktureinbrüchen näher ansieht, ist der Verlauf in sich ähnlich einer Meereswelle: Eine Welle, vom Strand aus beobachtet, baut sich auf, schäumt über und stürzt nach unten, bis sie schließlich am Strand ausläuft (während sich zwischenzeitlich die nächste Welle aufbaut). Ähnlich verlief bisher die oben geschilderte Immobilienkonjunktur:

Durch die Förderprogramme wurde „angeschoben“, die Immobilienkonjunktur kam in Fahrt und baute sich erfolgreich auf. Dieser Anschub wurde mit einer (zusätzlichen) Staatsverschuldung finanziert. Der jeweilige Wohnungsbauminister verkündete ansteigende Zahlen von Baugenehmigungen und Baufertigstellungen. Der Anschub funktionierte, die Lokomotive kam in Fahrt. Und wie eine Lokomotive nur langsam in Fahrt kommt, aber dann, wenn sie in Fahrt ist, kaum mehr zu bremsen ist, so boomte dann auch die Bau- und Immobilienbranche. Darüber erschrocken, ließ der Staat die Fördergelder und Abschreibungsprogramme auslaufen, und jeder wollte noch mit dabei sein: die Welle schäumte über und brach „mit Getöse“ zusammen. Diesen Vorgang zeigt folgende Skizze:

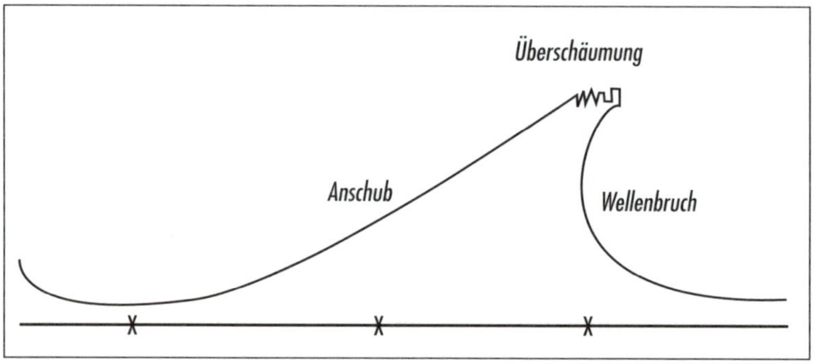

Und so wie sich der Schaum verflüchtigt, verflüchtigten sich auch die Ergebnisse. Die in der fortgeschrittenen Anschubphase eingenommenen höheren Staatseinnahmen wurden nicht etwa zur Schuldentilgung verwandt, sondern umverteilt, die Schulden blieben. (Die politische Umverteilungsdebatte soll hier nicht weiter erläutert werden.)

Der Wellenbruch schließlich warf die Branche auf den Boden, die Pleiten schossen in die Höhe, und so riefen die Immobilienunternehmen zwangsläufig erneut nach dem Staat: Neue Förder- und Abschreibungsprogramme mußten her.

Surfen auf der Schaumwelle

Dieser Ablauf ist, wie gesagt, in der bisherigen Geschichte der Bundesrepublik dreimal in dieser prinzipiellen Weise erfolgt, und dabei wurde die Politik von dem Gedanken getragen, die Immobilien- und Wohnungswirtschaft staatlich „lenken/steuern/führen" zu müssen.

In bezug auf den „Anschub" ist natürlich die Dosierung im voraus nicht erkennbar. Ist der Anschub zu schwach, verpuffen die Fördermittel ohne Effekt, ist er zu stark, führt dies zur beschriebenen Aufschäumung. Wie stark dieser Anschubdruck sein muß, kann im voraus nicht berechnet werden. Hierzu gibt es keine zuverlässigen Parameter.

Wer es verstand, in der aufsteigenden Immobilien-Welle zu „surfen", konnte Multimillionär werden. Die Immobilienpreise erhöhten sich ohne sein eigenes Dazutun um ein Vielfaches.

Der kritische Grenzwert

Der kritische Punkt ist beim „Grenzwert bzw. Gleichgewichtspreis" erreicht. Hierunter versteht die Betriebswirtschaft den (preistheoretischen) Punkt, an dem die geplanten Angebots- und Nachfragemengen gleich groß sind. Nach dem Grenzwert läßt die Nachfrage nach, die Preise gehen nach unten. Am Grenzwert, also am Ende der konjunkturellen Nachfrage, fallen geplante und finanzierte Immobilien aufgrund des immobilienspezifischen Nachlaufs in die „Überschäumung" oder direkt in den Wellenbruch.

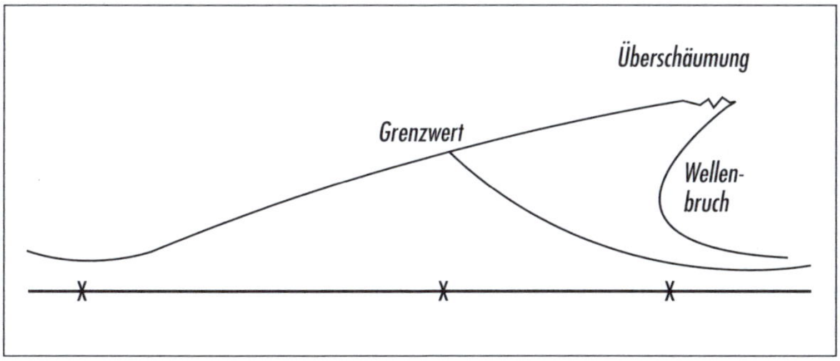

Wer nach dem Grenzwert baut oder kauft, hat verloren

Wer nach dem Grenzwert, also in der „Überschäumung", Immobilien kauft, der kauft meist zu spät, zu teuer und mit den bekannten, bösen Folgen: Wohnungen, Büros, Läden usw. stehen leer und lassen sich nicht vermieten, die gekauften Immobilien lassen sich bis auf weiteres nicht ohne Preisabschlag verkaufen. Man könnte das Sprichwort anwenden: „Den letzten (Käufer) beißen die Hunde!" Er muß Verluste solange hinnehmen, bis sich die nächste Welle auf gleicher Höhe aufgebaut hat.

Aber auch den Bauträger trifft die volle Härte des Wellenbruchs, weil er seine Einheiten mangels Nachfrage nicht mehr verkaufen kann. Er muß über so viel Kapital verfügen, um das Wellental überbrücken zu können.

These 3: Der Immobilienmarkt ist ein regionaler Markt

Es gibt nicht „den" Immobilienmarkt, Immobilienmärkte waren und sind stets regionale Märkte!

Jede Stadt ist ein eigener Immobilienmarkt

Der Immobilienmarkt in Dresden ist nicht identisch mit dem Immobilienmarkt in Berlin, Hamburg oder München, ebensowenig wie der Immobilienmarkt von Stuttgart nicht identisch ist mit dem Immobilienmarkt von Leipzig, Düsseldorf oder Hannover. Jede Stadt für sich ist ein eigenständiger Immobilienmarkt! Dieser Satz gilt auch für kleine Städte, denn jede Kommune ist im Prinzip ein eigener Immobilienmarkt. Schon ein Regierungsbezirk besteht aus vielen regionalen Immobilienmärkten, nämlich der Kommunen, die zum Bezirk gehören.

Regionaler Markt bedeutet Verschiedenartigkeit. In bezug auf Mieten und Immobilienpreise veröffentlichen die Maklerverbände und verschiedene Maklerunternehmen jeweils Tabellen der unterschiedlichen Preise pro Stadt und belegen damit zugleich diesen Immobiliengrundsatz.

Natürlich können regionale Märkte in einer bestimmten Zeit oder in bezug auf bestimmte Tendenzen gleich oder ähnlich sein. Das ändert nichts am obigen Immobiliengrundsatz. Auch wenn sich bestimmte regionale Märkte sehr ähnlich sind, können für die Zukunft unterschiedliche Entwicklungen eintreten und diese frühere Ähnlichkeit aufheben.

Markterweiterung durch die Wende

Durch die Wende haben sich die regionalen Märkte der alten Bundesrepublik um die neuen Länder vergrößert. Durch die globalen, d. h. nicht regional differenzierten, „Steuerabschreibungen Ost" wurden in den neuen Ländern Immobilienprojekte auch in den entferntesten Dörfern initiiert, denn in jeder Kommune wollte man schließlich den Aufschwung nicht verpassen. Dann muß man sich nicht wundern, daß das kleine Dorf aufgrund allgemeiner Steuervorteile ein großes Einkaufszentrum erhält, das es eigentlich nicht braucht.

Sonderabschreibungen Ost

Steuerabschreibungen waren zwar an bestimmte, generelle Voraussetzungen gebunden, jedoch im Normalfall – bis auf Sondergebietsabschreibungen – nicht regional gebunden. Auch die Sonderabschreibungen Ost waren global an die neuen Länder, nicht jedoch an bestimmte Gebiete innerhalb der neuen Länder gebunden. Teilweise, das muß auch gesagt werden, wurden von den Vergabestellen innerhalb deren Zuständigkeit „Dringlichkeitsrangfolgen" eingerichtet, um die (der Meinung nach zu geringen) Geldmittel sinnvoll zu verteilen.

Wichtig:

Alle diese obigen Förder- und Abschreibungsmethoden übersehen einen der wichtigsten Immobiliengrundsätze, nämlich den der divergierenden Regionalität.

Wie unterscheiden sich Immobilienmärkte?

- Mentalität der Bewohner
- Eigenheiten in der Art des Wohnens
- Gepflogenheiten im Einkauf von Waren
- demographische Zusammensetzung der Bevölkerung
- berufliche Chancen und Arbeitsplätze
- Einkommen und Kaufkraft
- Wohnungs- und Gewerbemieten
- Immobilienpreise

Der Staat jedoch versucht, die Immobilienkonjunktur pauschal bundesweit zu steuern. Dieses Ansinnen ist widersinnig in bezug auf die Besonderheit der Immobilienbranche mit den vielen, kleinen regionalen Märkten.

Beispiel:

Ein bildlicher Vergleich: Nehmen Sie an, in einem Korb befinden sich viele Brötchen; jedes Brötchen soll einen regionalen Immobilienmarkt darstellen. Jeder Bäcker verkauft bekanntlich Brötchen einzeln, d. h., Angebot und Nachfrage regeln sich dadurch bei jedem Bäcker und auch in der Menge automatisch. Würde nun ein Gesetz beschlossen, daß das Backen einzelner Brötchen nicht (mehr) zulässig wäre und statt dessen ausgewählte Bäcker jeweils ein großes Brot backen sollten, wäre dieses Gesetz „widersinnig" in bezug auf Brötchen.

In gleicher Weise ist die bisherige staatliche, pauschale Immobilienkonjunktursteuerung systemwidrig in bezug auf Immobilien.

Bisher falsche Konjunktur-Steuerung vergeudet Steuermittel

Außerdem ist der „Steuermann" nicht genügend ausgestattet. Zum Steuern der Immobilienkonjunktur werden konkrete Fakten benötigt. In bezug auf die Baukonjunkturdaten zählt für das Bauministerium jeweils nur die Anzahl der Baugenehmigungen und -fertigstellungen als „Erfolgsbarometer". Diese Daten werden offenbar über die Baugenehmigungsbehörden gesammelt und sind somit, weil auch die Genehmigungszeit vergangen ist, zeitlich erheblich veraltet und erst im nachhinein feststellbar. Sie sind somit als Steuerungsinstrumente unzulänglich. Sie erfassen auch nicht den gesamten Immobilienmarkt. Investitionen wie Modernisierungen, Wertverbesserungen, Instandhaltungen usw. sind hierin nicht erfaßt.

Die bisherige „Schaumwellen-Konjunktur" macht am meisten der Baubranche, also den Bauhandwerkern, zu schaffen. Unser kompliziertes Rechts- und DIN-Normen-System für die Bauqualität (siehe Kapitel 3, Seite 62 ff.) erfordert qualifizierte Fachkräfte. In Zeiten der Hochkonjunktur hat die Baubranche mehr Aufträge, als sie mit ihren Fachhandwerkern verkraften kann. Aufgrund der Nachfrage wird „jeder Preis bezahlt", und zwangsläufig werden Aufträge angenommen, obwohl der Chef weiß, daß er sie in der vorgesehenen Zeit nicht wird durchführen können. Gegebenenfalls stellt er zusätzliche Arbeiter ein, obwohl diese oft nicht die erforderliche Qualifikation besitzen. Zwangsläufig erhöht sich damit die „Pfuschrate“ dramatisch.

Ungesunde Zieharmonika-Effekte

Läßt die Konjunktur nach, werden die unqualifizierten Arbeiter als erstes entlassen, die Bauhandwerker müssen nun versuchen, sich mit Klein- und Kleinstaufträgen über Wasser zu halten, und verkleinern ihre Kapazität soweit als möglich. In dieser „Schneckenhaltung“ versuchen sie, die Zeit bis zum nächsten Boom zu überbrücken. Die Schaumwellen-Konjunktur erzeugt somit bei den Bauhandwerkern „Zieharmonika-Effekte“, denn es muß, betrieblich gesehen, „gedehnt und zusammengedrückt“ werden, um sich der Konjunktur anpassen zu können.

5. Die aktuelle Konjunktursituation

Kehren wir zur Ausgangsfrage zurück: In welcher Konjunktursituation stehen wir heute und ggf. zum Zeitpunkt des Euro-Starts?

Immobilienkonjunktur im Wellenbruch

1988/1989, kurz vor der Wende, gab es bereits eindeutige Anzeichen dafür, daß die Immobilienkonjunktur abbrechen wird, daß der Grenzwert erreicht ist, aber durch die Wende und den Aufschwung Ost trat noch einmal, wie für die allgemeine Wirtschaft auch, ein „Zwischenhoch“ ein, die Meereswelle schwappte aufgrund der Steuerabschreibungen Ost noch einmal hoch. Inzwischen hat sie ihren höchsten Punkt überschritten und ist zusammengebrochen.

Die Konjunktur befindet sich derzeit im „Wellenbruch“, in der Abwärtsbewegung. Und nach dem Stand der Dinge wird sie – wie die Meereswelle – beruhigt auslaufen. Diese Situation bedeutet: Rückgang der Preise. Wer Immobilien verkaufen muß, muß, sofern er über dem Grenzwert gekauft hat, für längere Zeit mit Verlusten rechnen.

Durch Euro keine weitere Staatsverschuldung

Aus verschiedenen Gründen, auf die noch eingegangen werden wird, hauptsächlich jedoch aufgrund des Stabilitätspakts im Zusammenhang mit der Einführung des Euro, ist es für eine solide Staatsführung nahezu unmöglich, zu Lasten der Staatsverschuldung die Immobilienkonjunktur erneut, also ein viertes Mal, in Gang zu bringen bzw. die Meereswelle erneut aufzubauen. Dazu wären enorme öffentliche Aufwendungen erforderlich. Würde man heute wieder mit der Gießkanne losziehen, müßte man, bildlich gesprochen, aufgrund des erweiterten Deutschlands – denn es könnte ja nicht nur eine Seite Deutschlands gefördert werden – das Wasser (= öffentliche Förderung) auf eine wesentlich größere Fläche verteilen, ohne eine Gewähr dafür zu haben, daß diejenigen Pflanzen, die das Wasser dringend benötigen würden, davon ausreichend abbekommen. Ferner wäre völlig unbestimmt, in welcher Größenordnung sich diese Förderung bewegen müßte, um überhaupt etwas zu bewegen.

Bisheriges Fördersystem ist zu riskant

Im Zuge der Euro-Einführung ist auch klar definiert, daß ein Konjunkturanschub über den Weg der Kreditaufnahme und Staatsverschuldung nicht mehr in Frage kommt (siehe Kapitel 6, S. 158 ff.). Diese Art der Finanzierung steht dem geplanten Stabilitätskurs absolut im Wege. Damit hat sich offenbar auch in politischen Kreisen durchgesetzt, daß das ganze System der globalen Förderung und globalen Steuerabschreibung den Erfolg nicht ausreichend sicherstellt, konjunkturpolitisch zu riskant ist und die Währungsstabilität in Gefahr bringt.

Dennoch dürfte unbestritten sein, daß die Förderung des Sozialen Wohnungsbaus weiterhin notwendig ist, um die einkommensschwächeren Bevölkerungsgruppen ausreichend mit Wohnraum versorgen zu können. Nur: das System ist überholt, es bedarf eines Prinzips, das der Regionalität entspricht.

Die Immobilienbranche befindet sich also im Wellenbruch, in der Talfahrt, und es erscheint sicher, daß der „Ruf nach dem Staat" kein viertes Mal mehr Gehör finden wird. Die „Fünf Weisen" zur Begutachtung der gesamtwirtschaftlichen Entwicklung zeigen in ihrem Gutachten für die Bundesrepublik ebenfalls keinen übergroßen Optimismus:

Kein Aufschwung weit und breit

„Große Hoffnungen auf einen kräftigen, sich selbst verstärkenden Aufschwung in naher Zukunft mögen wir nicht zu wecken. Die Erholung ist maßgeblich einer deutlichen Belebung der Auslandsnachfrage zu verdanken. Die Inlandsnachfrage entwickelt sich dagegen nur verhalten aufwärts. Vor allem: Eine Welle von Investitionen als Initialzündung für einen Aufschwung ist weit und breit nicht zu sehen.“[7]

Die Frage ist deshalb, ob es für die Immobilienwirtschaft Impulse anderer Art gibt, um die Konjunktur wieder in Schwung zu bringen.

Die Veränderung der Nachfrage auf den Immobilienmärkten

2

Immobilien-Nachfrage

1. Gesellschaftliche Einflüsse

Große Einflüsse auf die Konjunktur haben gesellschaftliche Aspekte wie Löhne, Gehälter, Beschäftigung, Bildung, Mentalität usw. Der-/diejenige, der/die über ein sicheres Arbeitsverhältnis mit gutem Einkommen verfügt, ist sicher auch der potentielle Immobilienkäufer. Ist das aber noch so?

In diesem Kapitel sollen die gesellschaftsrelevanten Themen mit den Gegebenheiten der Immobilienbranche verglichen werden, um Antworten auf folgende Fragen zu finden:

- Gibt es im gesellschaftlichen Bereich voraussehbare Impulse für die Nachfrage in der Immobilienbranche?
- Gibt es noch Nachfrage nach Eigentumswohnungen, Häusern usw.?
- Welche Gegebenheiten verursachen denn überhaupt Nachfrage nach Immobilien?

2. Was unter Immobilien-Nachfrage zu verstehen ist

Immobilien-Nachfrage ist zu differenzieren

Allgemein beruht Nachfrage auf Kaufkraft. Bei Immobilien differenziert sich die Nachfrage entsprechend den Immobilienprodukten. Sie ist bei Mietwohnungen anders als bei Eigentumswohnungen oder Häusern.

Nachfrage nach Mietwohnungen

Haushaltsgründungen

Die Nachfrage nach Mietwohnungen beruht auf dem Wunsch, Haushalte zu gründen (der frühere Heiratswunsch ist kein Maßstab mehr). Gibt es zum Beispiel junge Leute im entsprechenden Alter, die zu Hause ausziehen und – allein oder als Paar gemeinsam – einen Haushalt gründen wollen, steigt die Nachfrage nach Mietwohnungen, ggf. auch nach Eigentumswohnungen.

Achtung:

Kein Maßstab ist allerdings die Liste der Wohnungssuchenden beim Wohnungsamt. Dort kann sich jede(r), der innerhalb der Einkommensgrenzen des sozialen Wohnungsbaus liegt, eintragen lassen, und zwar auch dann, wenn er über eine eigene Wohnung verfügen sollte. Diese Liste beruht deshalb im Prinzip auf Veränderungswünschen und nicht zwangsläufig auf Bedarf (im wirtschaftlichen Sinne).

Lange Liste des Wohnungsamtes bedeutet nicht Wohnungsnachfrage

Die Anzahl der Haushalte kann jedoch nur steigen, wenn entsprechend mehr Wohnungen vorhanden sind, d. h., eine steigende Haushaltszahl in der Kommune ist nicht die Ursache, sondern bereits die Folge verschiedener Einflüsse, u. a. aufgrund eines größeren Wohnungsangebots.

Nachfrage nach Eigentumswohnungen und Häusern

Nur Kaufkraft verhilft zur Eigentumswohnung

Die Nachfrage nach Eigentumswohnungen und Häusern hängt unmittelbar mit der Kaufkraft zusammen, denn man muß sie sich leisten können. Bei Immobilien wird deshalb als Kaufkraft die Summe verstanden, die nach Abzug aller Lebenshaltungs- und Freizeitkosten beim Kaufinteressenten verbleibt. Dieser verbleibende Betrag muß heute, je nach Anspruch an die Immobilie, im Durchschnitt bei ca. 3000,– DM monatlich liegen, d. h., dem Kaufinteressenten muß dieser Betrag derzeit monatlich übrig bleiben, sei es zur Ansparung des erforderlichen Eigenkapitals oder nach dem Kauf der Immobilie zur Bezahlung der Bewirtschaftungskosten.

Nachfrage nach Büros

Büro und Wirtschaft sind Brüder

Die Nachfrage nach Büros wird unmittelbar durch die Konjunktur der Wirtschaft beeinflußt. Expandieren Unternehmen, steigt die Nachfrage nach Büros, wird abgebaut und verkleinert, werden Flächen frei. Freie Flächen entstehen auch aufgrund von Umzügen in neuere, größere oder kleinere Büros.

Nachfrage nach Verkaufsraum

Kaufkraft und Läden gehören zusammen

Die Nachfrage nach Läden ergibt sich aus der Konjunktur des Einzelhandels, welcher wiederum sehr stark von der Kaufkraft der Bürger abhängt. Diese Kaufkraft allerdings ist nicht identisch mit der oben genannten, sondern diese Kaufkraft liegt im Bereich der Lebenshaltungs- und Freizeitkosten. Für den Einzelhandel ist deshalb das Kaufverhalten der Kunden der „Maßstab aller Dinge", und entsprechend steigt oder fällt die Nachfrage nach Läden.

3. Welche Faktoren die Nachfrage beeinflussen

Um diesen Zusammenhängen tiefer auf den Grund zu gehen, sollen nun untersucht werden: die Veränderung der Haushalte, die demographischen Veränderungen, die geänderten Werte-Einstellungen der Mieter und die veränderte Käuferschicht.

Wichtig:

Kaum Marktforschungsanalysen vorhanden

Für alle diese Bereiche sind keine immobilienspezifischen Untersuchungen bekannt. Eigene Forschungen über Marktveränderungen und das Verhalten von Käufern vorzunehmen, stößt in der Immobilienbranche auf Erstaunen und Kopfschütteln. Eine Branche, die bisher stets im Schlepptau von Steuerabschreibungen gezogen wurde und von einem Verkäufermarkt verwöhnt ist, mußte sich, zumindest bisher, nicht um solche Dinge kümmern. Dieser Umstand aber wird sich ändern.

Wir müssen deshalb vorerst auf allgemeine Erkenntnisse zurückgreifen und deren Anwendung in bezug auf Immobilien überprüfen.

Die Veränderung der Haushalte

Privathaushalte: größter Nachfrage-Faktor der Wirtschaft

Wie oben ausgeführt, ist die Anzahl bzw. das Ansteigen der Haushalte von großer Bedeutung, denn „Haushalte" bedeutet im Prinzip, wenn auch nicht zwangsläufig, Anzahl der Wohnungen (abzüglich der Haushalte in Häusern).

In der Vor- und Rückschau von 1975 bis 2015 ergibt sich, unterteilt in Ost- und Westdeutschland, folgender Stand:[9]

Privathaushalte nach Haushaltsgröße (West)

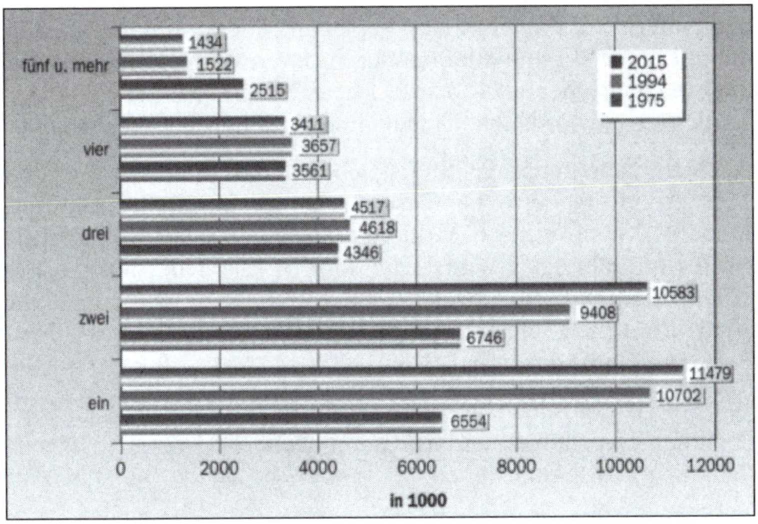

Quelle: Statistisches Bundesamt

Privathaushalte nach Haushaltsgröße (Ost)

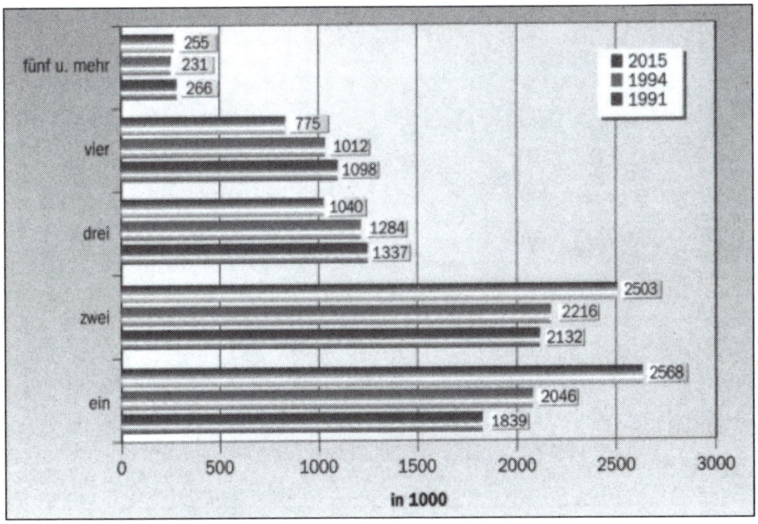

Quelle: Statistisches Bundesamt

2 Nachfrageveränderung

Single-Haushalte steigen dramatisch

Während die Gesamtzahl der Haushalte um mehr als ein Viertel (26,1 %) gewachsen ist, hat sich die Bevölkerungszahl nur um 7,5 % erhöht. Diese Veränderungen bedeuten eine starke Zunahme (63,3 %) sogenannter Single-Haushalte: Haushalten mit nicht mehr als ein bis zwei Personen. Diese Singles können junge Leute sein, die alleine oder zu zweit (ohne Kind) zusammenwohnen, aber auch ältere Leute bilden nach Auszug der erwachsen gewordenen Kinder einen solchen Kleinhaushalt.

Nach Berechnungen des Statistischen Bundesamtes soll in den alten Bundesländern die Gesamtzahl der Haushalte bis zum Jahr 2010 noch um 1,6 Millionen ansteigen, aber in den weiteren fünf Jahren, also bis zum Jahr 2015 wieder auf 31,4 % fallen, während die Zwei-Personen-Haushalte bis zum Jahr 2015 um 12,5 % gegenüber 1994 stärker steigen als die Ein-Personen-Haushalte mit 7,3 %.

Gut ein Drittel aller Haushalte wird um das Jahr 2015 in Ein-Personen-Haushalten und rund ein weiteres Drittel in Zwei-Personen-Haushalten leben.[10]

Struktur der Privathaushalte in Ost wie West nahezu gleich

Struktur der Privathaushalte (Ost)
– nach der Haushaltsgröße –

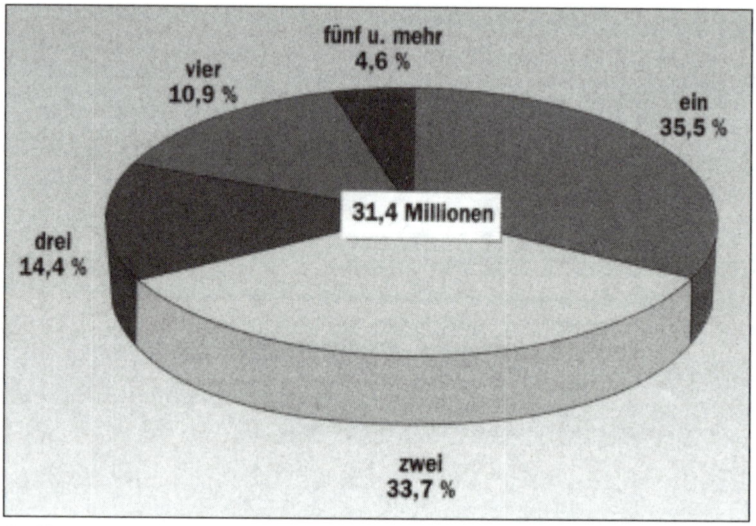

Quelle: Statistisches Bundesamt

Struktur der Privathaushalte (West)
– nach der Haushaltsgröße –

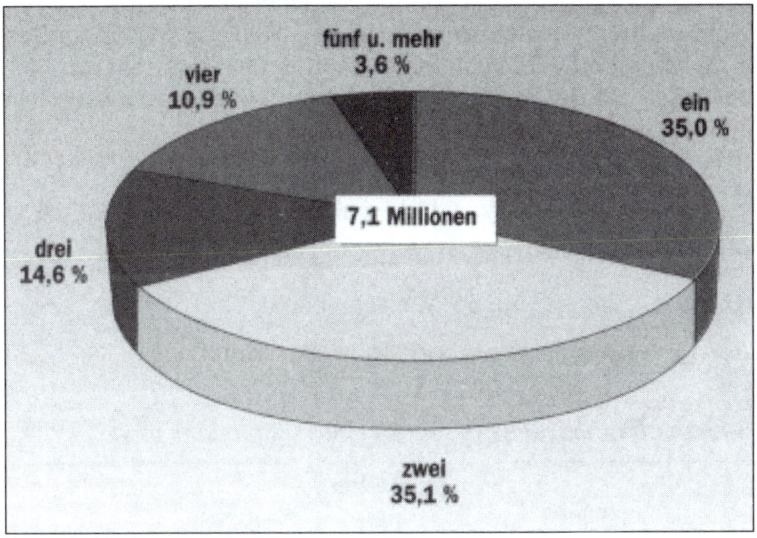

Quelle: Statistisches Bundesamt

Deutschland: bald eine „Zwei-Drittel-Single-Gesellschaft"

Nach Feststellungen des Deutschen Städtetages liegt der Anteil der Ein-Personen-Haushalte in Großstädten mit 100 000 und mehr Einwohnern heute bei durchschnittlich 43,6 %. Spitzenreiter ist München (52,2 %) vor Frankfurt a.M. (49,2 %), Düsseldorf (48,5 %), Stuttgart (48,4 %) und Hannover (48,2 %). Mit abnehmender Einwohnergröße vermindert sich der Anteil der Single-Haushalte und liegt noch bei Gemeinden unter 5000 Einwohnern bei 25,2 %.

Somit entwickelt sich die Gesellschaft eindeutig in Richtung „Single-Haushalte", ja es wird sogar eine „Zwei-Drittel-Gesellschaft" der Ein- und Zwei-Personen-Haushalte geben. Ein Anstieg der Kleinhaushalte bedeutet allgemein einen Trend nach kleinen Wohnungen. Im einzelnen kommt es auf die Situation des regionalen Marktes an, fast jede Kommune hat darüber konkrete Zahlen. Beide Arten von Kleinhaushalten haben in jedem Fall zwei Punkte gemeinsam: Die Bewohner haben andere Bedürfnisse als Familien.

Die Veränderungen der Haushalte sind eine Folge der demographischen, d.h. altersmäßigen Entwicklung.

2 Nachfrageveränderung

Die demographischen Veränderungen

Exakte demographische Daten sind eindeutig

Die demographische Entwicklung in Deutschland ist schon seit vielen Jahren (Jahrzehnten) im Detail bekannt. Während man in der Immobilienbranche noch nicht einmal die Zahl der vorhandenen Häuser kennt, sind die darin wohnenden Menschen konkret erfaßt, weil jedes Kind bei der Geburt amtlich registriert wird. Somit ist genau bekannt,

- wieviele Menschen in Deutschland geboren sind,
- welchen Geschlechts (männlich/weiblich) sie sind,
- wie alt die jeweiligen Menschen sind.

Aus diesen Daten ergibt sich folgendes Bild:[11]

Altersaufbau der Bevölkerung Deutschlands am 31. 12. 1994

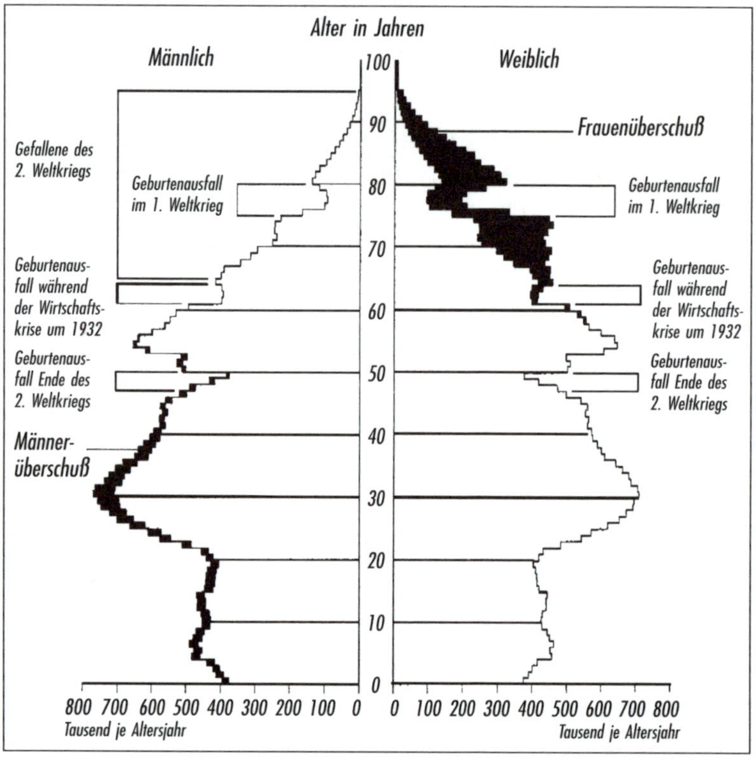

Rentenproblem

Aus dieser Graphik ist zu entnehmen, daß sich der „Bauch" der geburtenstarken Jahrgänge ab Mitte der 60er Jahre auf die Marke „30 Jahre" vorgeschoben hat und fast nur noch die Hälfte an Kindern nachkommt. Wenn diese Generation in das Rentenalter kommt, wird es, wenn alles unverändert bleiben würde, zu weit größeren Problemen mit der Rente kommen, als dies jetzt der Fall ist.

Einen weiteren, kleineren Bauch gibt es bei den um 50jährigen, die vor kurzer Zeit in den Vorruhestand geschickt wurden und in den nächsten zehn Jahren in das eigentliche Rentenalter kommen.

Neben diesen Zahlen sind die Einstellungen der Menschen zur Immobilie wichtig, d. h., wie bedeutend wird eine Immobilie angesehen?

Die geänderten Werte-Einstellungen der Mieter

Die eigene Wohnung ist „normal"

In früherer Zeit, aber auch heute noch in anderen Ländern, ist der Umstand, eine eigene Wohnung zu besitzen, eines der am höchsten geschätzten Glücksumstände. Der Wunsch nach einer eigenen Wohnung stand früher an erster Stelle. Diese Einstellung hat sich bei uns gewandelt. Eine Wohnung zu besitzen bzw. zu mieten gilt als „normal" und nicht nur „irgendeine Wohnung", das ist zu wenig, denn an eine Wohnung werden bestimmte Anforderungen an Lage und Ausstattung gestellt. Vermieter klagen darüber, daß sich diese Anspruchshaltung sehr erhöht hat.

Früher: Miete war die Hälfte des Einkommens

Soweit es zurückverfolgbar ist, war für die Miete stets etwa die Hälfte des Familieneinkommens aufzubringen. Natürlich lacht man heute, wenn in alten Mietverträgen eine Monatsmiete von 85,04 DM erscheint, aber man muß diesen Betrag im Verhältnis zum damaligen Einkommen ansehen, und das betrug eben auch nur ca. 180,– DM im Monat. Lediglich in den neuen Ländern war die Miete aufgrund politischer Anschauungen bis weit unter die damalige, staatseigene Kostenmiete subventioniert.

Der Wertewandel zur Freizeit

Heute steht die Miete in finanzieller Konkurrenz zu den sonstigen Aktivitäten des Mieters, sei es Sport wie Tennis, Golf,

Reiten, Skifahren usw., dem mehrwöchigen Urlaub, den Kosten eines oder zweier Autos, den Ansprüchen des/der Kindes(er), der repräsentativen Markenkleidung usw. Diese Mode- und Freitzeitaktivitäten haben für viele jüngere Leute eine höhere, mindestens aber gleichhohe Bedeutung wie die Wohnung. Selbst die Einstellung „billige Miete, aber teures Outfit, teure Autos“ ist so selten nicht.

Heute: Miete ist ein Drittel des Einkommens

Dieser Wertewandel führt dazu, daß aus Sicht des Mieters heute eine Miete, die die Hälfte seines Einkommens erfordern würde, für ihn indiskutabel hoch wäre. Nach einer Untersuchung des Einzelhandelsverbandes gaben die Deutschen 1993 aus ihrem Einkommen nur 17 % für Wohnungsmieten, aber 23 % für Freizeit und 20 % für Nahrungsmittel und Getränke aus.[12] Für die Miete kommt in der Spitze maximal noch ein Drittel des Einkommens in Frage. Diese Einstellung ist durch Mietspiegel und Öffentlichkeitsarbeit manifestiert.

Gleichzeitig sind jedoch die Bau- und Bewirtschaftungskosten nicht im gleichen Maße gesunken, im Gegenteil: Diese Kosten haben sich überproportional erhöht (siehe Kapitel 3), so daß die Schere zwischen Aufwand und Ertrag zunehmend auseinanderklafft.

Die veränderte Käuferschicht

Der Lebensablauf

Die zweite wichtige Einstellungsänderung beruht auf der aktuellen Veränderung der Lebensphasen. Früher war für die Mehrzahl der Menschen ein klarer Lebensrhythmus vorgegeben, der meist von Schule, Lehre, Beruf und Rente bestimmt war und sich etwa wie folgt darstellte:

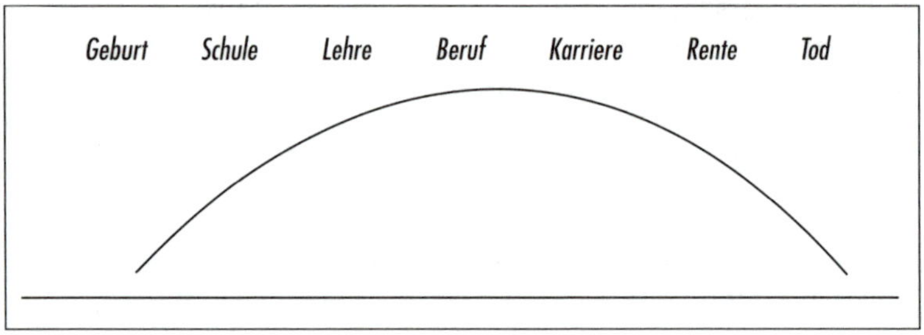

Aus diesem Lebensablauf ergibt sich ein bestimmtes Kaufverhalten in bezug auf den Lebensbedarf.

Das Kaufverhalten ist genau erforscht

Übersicht: Familienleben und Kaufverhalten

I. Stadium des Familienlebenszyklus	II. Kauf- und Verhaltensmuster
1. Junggesellenstadium: Junge, alleinstehende Menschen, die nicht mehr zu Hause wohnen	Wenig finanzielle Verpflichtungen; Meinungsführer in bezug auf Modetrends; freizeitorientiert. Gekauft werden: Küchengrundausstattung und Grundmobiliar, Autos, Kleidung, Kosmetika usw. für die Partnersuche, Urlaubsreisen
2. Frisch verheiratete Ehepaare, jung und ohne Kinder	Finanziell noch besser gestellt, als das in einigen Jahren der Fall sein wird; höchste Kaufrate und im Durchschnitt betrachtet die höchste Erwerbsrate bei Gebrauchsgütern. Gekauft werden: Autos, Kühlschränke, Herde, zweckmäßiges und dauerhaftes Mobilar, Urlaubsreisen
3. „Volles Nest I": Das jüngste Kind ist unter sechs	Höhepunkt des Eigenheimerwerbs; flüssige Mittel knapp; Unzufriedenheit mit der finanziellen Situation und dem Ersparten; Interesse an neuen Produkten; Produkte aus der Werbung sind beliebt. Gekauft werden: Waschmaschinen und Trockner, Fernsehgeräte, Babynahrung, Einreibe- und Hustenmittel, Vitaminpräparate, Puppen, Kombiwagen, Schlitten und Schlittschuhe
4. „Volles Nest II": Das jüngste Kind ist sechs oder älter.	Finanziell besser gestellt; ein Teil der Ehefrauen ist berufstätig; Beeinflussung durch die Werbung ist weniger stark; Groß- und Vielfachpackungen werden bevorzugt. Gekauft werden: viele Lebensmittel, Reinigungsmittel, Fahrräder, Musikunterricht, Klaviere.
5. „Volles Nest III": Ältere Ehepaare mit abhängigen Kindern.	Finanziell noch besser gestellt; noch mehr Ehefrauen berufstätig; Kinder beginnen z. T. zu arbeiten; schwer beeinflußbar durch Werbung; durchschnittliche Erwerbsrate bei Gebrauchsgütern hoch. Gekauft werden: neues, geschmackvolles Mobiliar, Autoreisen, nicht unbedingt notwendige Geräte, Boote, Zahnbehandlung, Zeitschriften.
6. „Leeres Nest I": Ältere Ehepaare, Kinder aus dem Haus, Familienoberhaupt noch berufstätig	Höhepunkt des Eigenheimbesitzes; Zufriedenheit mit finanzieller Lage und Erspartem; Interesse an Reisen, Erholung, autodidaktischer Fortbildung; Geschenke und Spenden beliebt; kein Interesse an neuen Produkten. Gekauft werden: Urlaubsreisen, Luxusartikel, Produkte zur Veredelung des Eigenheims.

Von 1966–1990: relativ klare Verhaltensmuster

7. „Leeres Nest II“: Ältere Ehepaare, Kinder aus dem Haus, Familienoberhaupt im Ruhestand	Spürbarer Einkommensrückgang; Sicherung des Eigenheims. Gekauft werden: medizinische Vorrichtungen und gesundheits-, schlaf- und verdauungsfördernde Mittel.
8. Alleinstehend, noch im Berufsleben, den Partner überlebend	Einkommen weiterhin gut, Neigung zum Eigenheimverkauf.
9. Alleinstehend, im Ruhestand	Gleicher Bedarf an medizinischer Versorgung und gleiche Produktansprüche wie andere Gruppen im Ruhestand; starker Einkommensrückgang; besonderes Aufmerksamkeits-, Zuneigungs- und Sicherheitsbedürfnis.

Quellen: William D. Wells und George Gubar: „Life-Cycle Concepts in Marketing Research“ in: Journal of Marketing Research, November 1966, S. 362. Vgl. auch Patrick E. Murphy und William A. Staple: „A Modernized Familiy Life Cycle“ in: Journal of Consumer Research, Juni 1979, S. 12ff. sowie Frederick W. Derrick und Alane E. Linfeld: „The Family Life Cycle: An Alternative Approach“ in: Journal of Consumer Research, September 1980, S. 214ff.

Seit ca. 1990: alles ist anders

Der Zeitpunkt von Ziffer drei bis sechs war somit der richtige zum Erwerb von Immobilien. Immobilienverkäufer waren deshalb hauptsächlich auf die Kundengruppe zwischen 35 bis 50 Jahre fixiert. Tatsächlich dürften auch die meisten Privatanleger in dieser Zeit, in der auch der Steuerspareffekt die größte Wirkung hat, Immobilien erworben haben. Diese Situation galt etwa für die Zeit von 1966 bis 1990; sie hat sich wesentlich verändert und zwar, rückwärts gesehen, folgendermaßen:

Über 60jährige

Lebens- und Kaufmotive: stark verändert

Sie freuen sich, daß sie rechtzeitig den Berufsausstieg geschafft haben und sind vor allem an einem „schönen Rentnerdasein“ interessiert. Ihr eigenes Häuschen – und auch andere eigene Immobilien – werden, sofern vorhanden, (noch) nicht vererbt, denn es/sie ist/sind ihnen ans Herz gewachsen, weil sie es sich seinerzeit selbst vom „Munde abgespart“ und mit großem persönlichem Einsatz erstellt und erhalten haben.

Über 50jährige

Sie scheiden zwangsweise aus den Unternehmen aus, wurden oder werden oft in den Vorruhestand geschickt, sind nach Überwindung dieses Schocks überwiegend an „Genießen“ (Urlaubsreisen usw.), aber nicht mehr an Steuerersparnis und Immobilieninvestitionen interessiert. Die Kinder sind aus dem Haus, und nun will man ungebunden bleiben.

Über 40jährige

Sie bangen um ihren Job, müssen alle Kraft für den Arbeitsplatz einsetzen, verdienen gut und wissen, die Arbeitstage können abrupt enden. Größere und langfristige Verschuldungen, wie sie beim Kauf von Immobilien der Fall sind, scheiden deshalb aus.

Über 30jährige

Sie sind im Streß in bezug auf Arbeitsplatz, Familie, Freizeit usw. Der geänderte Wertewandel zur Freizeitgesellschaft beansprucht das gesamte finanzielle Budget. Ehefrau oder Lebenspartner(in) arbeitet ohnehin mit, um den Lebensaufwand zu finanzieren. Immobilien anzuschaffen scheidet deshalb aus.

Über 20jährige

Frühere Immobilien-Käuferschicht: ist nicht mehr interessiert

Sie sind noch im Studium bzw. am Ende der Lehre und in der beruflichen und zwischenmenschlichen Orientierungsphase. In Frage kommen deshalb kleine, „unkomplizierte“ Mietwohnungen. An eigenen Immobilien sind sie grundsätzlich interessiert, weil sie davon von Papa gehört haben, und sicher werden sie auch Immobilien erben, aber wie das mal werden soll, ist noch offen.

Familienleben und Kaufverhalten

Diese Auflistung ist ohne wissenschaftlichen Anspruch, sondern beruht auf beruflicher Erfahrung. Sie kann und wird auch in vielen Fällen abweichend sein, sie soll jedoch die Tendenz deutlich machen, daß sich Familienleben und Kaufverhalten in einer gesellschaftlichen Umbruchphase befinden. Die bisherigen Bedingungen verändern sich grundlegend und diese Veränderungen machen auch vor Immobilien nicht Halt. Diese Analyse bedeutet:

Die bisherige Hauptkäuferschicht für Immobilien, vor allem die der um 50jährigen ist weggebrochen, sie hat in der überwiegenden Zahl kaum mehr Interesse an Immobilien, sie hat sich in ihren Hauptinteressen anderweitig orientiert.

4. Das Nachfrageverhalten der Wirtschaft bei Büros, Läden und Gewerbeobjekten

Gewerbeimmobilien: abhängig von der Wirtschaftskonjunktur

Gewerbeimmobilien sind auf die Wirtschaft im weitesten Sinne ausgerichtet. Das Mietrecht zum Beispiel ordnet alles, was nicht dem Wohnen dient, automatisch dem Gewerbe zu, so daß auch Freiberufler wie Ärzte hinzuzurechnen sind. Entsprechend der Vielfalt der Wirtschaft sind auch Gewerbeimmobilien in ihrer Nutzung breit gestreut.

Nachfrage der Wirtschaft nach Büros

Büros sind „knallharte Konjunkturimmobilien", denn die konjunkturelle Situation schlägt unmittelbar auf die Nachfrage von Büros durch. Das beste Beispiel war unmittelbar nach der Wende zu erleben, als die Büromieten in Berlin, Dresden und auch anderwo in wenigen Wochen auf bis zu 80,– DM pro m^2 hochschossen. Der Grund: große Nachfrage, geringes Angebot. Inzwischen können Vermieter von diesen Mieten nur noch träumen.

Die Nachfrage ist in den regionalen Märkten unterschiedlich. Zusätzlich kommt es bei näherer Betrachtung auf die Größe der Büros an. Eine Sache in bezug auf den Büroleerstand ist jedoch auffällig. Er tritt offensichtlich überwiegend in den neuen Ländern, in Berlin und anderen Städten, nicht gravierend jedoch in den südwest- und süddeutschen Städten auf. Dies bestärkt die

Tatsache, daß sich die regionalen Märkte sehr unterschiedlich entwickeln und auch die Bauträger/Investoren unterschiedlich stark in den Büromärkten engagiert sind.

Büro-Projektentwickler: Trendänderung verschlafen

Einen wichtigen Trend der Wirtschaft haben die Projektentwickler von Bürogebäuden völlig verschlafen, er zeichnete sich schon seit langer Zeit ab. Er begann in folgenden Schritten:

Vier Schritte des Lean-Managements

1. Schritt:

Auslagerung von Betriebsteilen (wie Produktion) auf andere Standorte, zum Beispiel ins Ausland

2. Schritt:

Facility-Management, gleichbedeutend mit: Einsparung von Bewirtschaftungskosten (Strom, Wasser usw.)

3. Schritt:

Büroplatz-Flächenreduzierung Stufe I: Zusammenrücken des Außendienstes bzw. Kosteneinsparung durch Einsatz von Kommunikationsmitteln (Handy, Laptop usw.). Mehrere Außendienstmitarbeiter müssen sich einen Schreibtisch in der Verwaltung zeitlich teilen.

4. Schritt:

Büroplatz-Flächenreduzierung Stufe II: Outsourcing – Auslagern ganzer Abteilungen in selbständige Bereiche

Außerdem waren die Zwänge der nachlassenden Konjunktur für die allgemeine Wirtschaft längst vorhanden. Andere Trends wie Lean-Management, d. h. Abbau aller Stabsabteilungen und Hierarchien durch Umstrukturierung in andere Organisationsformen, Optimierung des EDV-Einsatzes usw., führten zu einem gewaltigen Personalabbau in der Administration und Freisetzung bereits vorhandener Büroflächen.

Zusätzliche Büroflächen am Markt

Frage: Werden unter diesen Bedingungen neue Büroflächen benötigt? Die Immobilien-Projektentwickler hingegen taten so, als hätte sich nichts geändert. Sie bauten weiterhin Großbüros und verkauften Anlegern Büro-Immobilien-Fondsanteile mit angeblich hohen Renditen. Diese Büros werden weiterhin leerstehen, wenn es nicht gelingt, sie den geänderten Bedürfnissen anzupassen. Aus der derzeitigen wirtschaftlichen Situation heraus wird bis auf weiteres keine größere und allgemeine, „automatische" Nachfrage entstehen, weil die allgemeine Wirtschaft nicht auf Büroflächen-Expansion eingestellt ist.

Nachfrage der Wirtschaft nach Läden

Läden und Einkaufszentren sind sogenannte handelsgenutzte Immobilien, d. h. den Bedingungen der Konjunktur und des Handels unterworfen.

Center-Management

Der Einzelhandel hat in den vergangenen Jahren schon viele Wandlungen vollzogen. Handelsorientierte Immobilien müssen stets mit der Mode und den Trends der Zeit gehen. Besonders wichtig ist dieser Grundsatz für Einkaufszentren. Nach dem Bau, der Finanzierung und Abschluß der Mietverträge beginnt deshalb erst die richtige Arbeit, in diesem Fall diejenige des Center-Managements, nämlich diese Immobilie stets am Puls der Zeit professionell zu führen. Wo es bis heute nicht gelungen sein sollte, ein funktionierendes Einkaufszentrum in Gang zu bringen, wurden meist bei der Projektentwicklung zu viele Fehler gemacht. Der Grundfehler liegt vielfach darin, daß Einkaufszentren nach den Vorstellungen des Projektentwicklers statt nach den Bedürfnissen des Kunden gebaut werden. Der Unterschied ist gravierend und von existenzieller Bedeutung für alle Beteiligten.

Einkaufszentren: komplizierte und aufwendige Immobilien

Ein richtiges Einkaufszentrum ist eine der kompliziertesten und aufwendigsten Immobilien, denn es bedarf eines ausgefeilten Konzeptes in bezug auf die jeweiligen Branchen, die hier vertreten sein müssen, können oder keinesfalls verhanden sein dürfen. Zum wirtschaftlichen Erfolg eines solchen Shopping-Centers gehört ein Mietermix, wie er üblicherweise im Stadtteil anzutreffen ist, und zwei Hauptmieter (Magneten) mit einem breiten Sortiment. Diese Hauptsortimenter werden idealerweise an beiden Stirnfronten des Shopping-Centers angesiedelt. Der ideale Standort dieser Struktur liegt im Bereich einer Trabanten- bzw. Satellitenstadt oder zum Beispiel im Bereich einer Ausfallstraße.

Einzugsgebiet richtet sich nach dem Kaufverhalten

Gleichbedeutend zur Lage kommt dem Einzugsgebiet und damit der Größe eines Einkaufszentrums (Anzahl der Läden) eine große Bedeutung zu. In bezug auf Kaufkraft- und Standortanalysen kann man also nicht einfach einen Kreis um Städte ziehen und diese zum Einzugsgebiet erklären, sondern es muß nach dem Einkaufsverhalten differenziert werden:

- Alle Bewohner einer Stadt kaufen ihre täglichen Bedürfnisse am liebsten im lokalen Stadtteil ein.
- Höher-, hochwertiger Bedarf und Luxusgüter werden fast nur im Citybereich gekauft. Hier ist das „Sehen und Gesehen werden“ ein wichtiger Erlebnisfaktor.

Die Zukunft liegt in der Kombination

Die Funktion des Einzelhändlers erweitert sich immer mehr von der des Warenverteilers zum Entertainer. Neben der Bedarfsdeckung, die überall flächendeckend gegeben ist, tritt deshalb die Aufgabe der Bedarfsweckung, und zwar durch Erlebnisse – der Einzelhandel erweitert sich zur „Erlebnisbühne“. Schon heute wird der Freizeitbedarf zu über 56 % im Einzelhandel gedeckt, was einem Umsatz von knapp 40 % entspricht.[13] Tendenz: stark zunehmend in Richtung sogenannter „Multi-Konzepts“, einer Kombination aus Einkaufs-, Erlebnis- und Freizeitparks.

Bei vielen Einkaufszentren, vor allem in den neuen Ländern, haben Projektentwickler in fachlicher Hinsicht versagt und damit ihre Inkompetenz offen dargelegt. Dies kommt daher, daß viele Projektentwickler glauben, ihr absolviertes Architekturstudium befähige sie automatisch zur erfolgreichen Projektentwicklung. Tatsächlich aber ist die Erstellung von Büros, Läden und Einkaufszentren mehr eine Sache der Wirtschaft, insbesondere der Wirtschaftskonjunktur, als eine Sache der Architektur.

Nachfrage der Wirtschaft nach Gewerbeobjekten und Gewerbegrundstücken

Das „Ausweisen" eines Gewerbeparks bewegt nichts

So wie vor einiger Zeit durch das „Just-in-time-Prinzip" die meisten Lagerhallen überflüssig wurden, sind derzeit Veränderungen fast in allen Branchen im Gange oder bereits abgeschlossen. Ein völliger „Holzweg" war deshalb nach der Wende der Glaube, aufgrund der neuen Länder benötige man dort neue Vertriebswege, also Lager- und Produktionshallen, Produktionsbetriebe usw. Viele kleine Gemeinden wiesen deshalb Gewerbegrundstücke und Gewerbeparks zur Bebauung aus, in der Hoffnung, Arbeitsplätze und Gewerbesteuern zu erreichen. Überwiegend ohne großen Erfolg.Vielfach sind die Anforderungen an die Lage und Infrastruktur nicht gegeben. Überwiegend aber ist kein Bedarf der Wirtschaft vorhanden.

Gewebeparks: nur für Immobilienprofis

Ein Umstand ist für Gewerbeobjekte wichtig: Der Unternehmensleitung kommt es nicht auf Eigentum, sondern auf Nutzung an. Grundstücke als Eigentum zu erwerben bindet Unternehmenskapital, entzieht dieses für die laufende Liquidität und laufende Geschäfte. Kommunale Gewerbeparks, in denen die Unternehmen Grundstücke kaufen, bebauen und dort ein Gewerbe betreiben sollen, gehen deshalb an den Bedürfnissen der Unternehmen vorbei.

Ein Gewerbe-Grundstückshandel sollte auch nicht Aufgabe der Kommune sein, sie sollte dieses Geschäft professionellen Gewerbeparkbetreibern überlassen, die fertige Gebäude entsprechend den Bedürfnissen der Wirtschaft zur Verfügung stellen und auf Veränderungen entsprechend reagieren können.

5. Nachfrage-Nischen

Allgemeine Immobilien – Bedarf ist gedeckt

Eine zusammenfassende Analyse ergibt somit, daß mit einer allgemeinen Immobilien-Nachfrage aus der Wirtschaft heraus vorerst nicht gerechnet werden kann. Die Nachfrage kann und wird sich überwiegend in Nischen bewegen. Schon jetzt ergäben sich aber Nischen, wenn man sich in der Immobilienbranche mehr und professionell mit Nachfrage-Forschung beschäftigen würde. Während der Einzelhandel und viele andere Branchen das Konsum- und Kaufverhalten der Kunden längst bis ins Detail analysiert und zum Teil schon in die Lehrlingsausbildung eingeordnet haben, ist dies in der Immobilienbranche nicht der Fall.

Singles erzeugen Nachfrage

Die derzeitige Situation läßt sich somit in einem Satz ausdrükken: Der Bedarf in allen Immobilienmärkten ist längst gedeckt, zum Teil sind regional erhebliche Überkapazitäten vorhanden, mit einer Zunahme des Bedarfs ist kurzfristig nicht zu rechnen. Der einzige Lichtblick in dieser Beziehung ist der Trend zu den Single-Haushalten, der längerfristig gesehen eine Nachfrage nach Zwei- bis Zweieinhalb-Zimmer-Wohnungen auslösen wird.

Ideale Kombination: „Immobilie und Dienstleistungen"

Anders sieht die Nachfrage nach kleineren Wohnungen aus. Soweit es sich nicht um Sozialwohnungen handelt, kommt es künftig darauf an, daß diese Wohnungen auf die Bedürfnisse der Singles ausgerichtet sind, und dies ist bisher bei den wenigsten Wohnungen der Fall. Die Bedürfnisse der Singles sind nicht damit erfüllt, daß es sich bei der Wohnung um „vier Wände in ruhiger Wohngegend" handelt und die Wohnung möglichst billig ist. Die Kombination „Immobilie und abrufbare Dienstleistungen" wäre für diese Zielgruppe sicher eine interessante Variante.

Der Erfolg liegt in der Nische

Bei den Gewerbeobjekten kommt es auf die Branche an. Auch in allgemein konjunkturschwachen Zeiten geht es nicht allen Branchen schlecht, manche verdienen gerade an diesem Umstand richtig gut. Sie verhalten sich natürlich still und ruhig, um nicht Nachahmer und damit Konkurrenz herbeizurufen. Solche Nischen zu finden und sich in solchen Nischen zu bewegen, dürfte eines der Erfolgsgeheimnisse in den nächsten Jahren sein.

Zu teures Bauen und unzumutbare Vermietung

3

Teures Bauen

1. Internationaler Vergleich: Deutschland gegen den „Rest der Welt"

Baukosten in Deutschland: sehr hoch

In Deutschland baut man teuer, deshalb sind auch Immobilien sehr teuer. Holländer, Engländer, Franzosen oder Dänen schaffen es, mit 1 % ihres Bruttoinlandproduktes 2,5 bis sogar 3,5 Wohnungen auf 1000 Einwohner zu errichten. In Westdeutschland waren es gerade 1,5 Wohnungen. Die Deutschen müssen, gemessen an ihrem Einkommen, für ihre Wohnungen fast doppelt soviel sparen und investieren.[14]

- Woran liegt das?
- Warum sind Immobilien in Deutschland so teuer?
- Werden die Preise weiter steigen?

In Holland zum Beispiel liegen die Bauwerkskosten gegenüber vergleichbaren Häusern in Deutschland bis zu 50 % niedriger! In Deutschland wohnt man auch seltener in Einfamilienhäusern als in anderen Ländern. Spezielle Angebote für einfache, aber attraktive Häuser wurden zu wenig entwickelt.

In Deutschland wohnt man mehr übereinander in Geschoßwohnungen als anderswo, es gibt weniger Eigentum, dafür mehr Mietwohnungen. Aber: Warum ist dann das Image des Vermieters in Deutschland so negativ? – In englischsprachigen Teilen der Erde heißt der Vermieter „Landlord". Er ist angesehen, und die Deutschen schämen sich, Vermieter zu sein!

Um diese und weitere Fragen fundiert beantworten zu können, sollen die Zusammenhänge dargestellt werden, wie und in welcher Art und Weise die Immobilienbranche vom Staat „gelenkt" wird und wie es zu den hohen Kosten kommt.

Die „unsichtbare Hand" der Baukostensteigerungen: staatliche und kommunale Regulierungen

So benannte die von der Bundesregierung eingesetzte Kommission das Geflecht von Verhaltensweisen und Regulierungen, die sich zum Teil gegenseitig bedingen und verstärken. Es handelt sich um: staatliche Regulierungen, eingefahrene Interessen, gewohnte und rechtlich verfestigte Rollen und Arbeitsteilungen auf den Baustellen, aber auch Normen, kommunales Planungsverhalten und kommunale Erschließungspraxis, die zusammengenommen hohe Baukosten bewirken.[15]

Ursachen für die hohen Baukosten

Folgende Punkte sind die wesentlichste Ursache für die überdurchschnittliche Höhe der Baukosten:

- Zu viele Gemeinden halten Baurechte knapp und damit die Bodenpreise hoch.
- Die Gemeinden legen vielfach aufwendige Erschließungssysteme fest, die von den Nutzern finanziert werden müssen.
- Die Versorgungsunternehmen nutzen ihre Monopole ebenfalls zu hohen Auflagen und Preisen. Sie lassen sich zudem nur schwer in die zeitliche Steuerung der privaten Investitionen einbinden.
- Das Bau(ordnungs)recht mit seinen langen Genehmigungsfristen, aufwendigen Auflagen, häufig aus anderen Rechtsbereichen resultierenden Anforderungen, hat in sich ein preistreibendes System.
- Die Tradition des hohen Anteils von Geschoßwohnungen hat Eigenheime zu Luxusobjekten gemacht. Diese Tradition fördert die individuell gestaltete Produktion, wenn nicht sogar die Einzelfertigung. Jedes Eigenheim wird als „Unikat“ angesehen. Verschiedene Handwerker erstellen Gebäude in einem komplizierten arbeitsteiligen Prozeß.
- Im Berufsbild des Architekten hat die individuelle Gestaltung von Häusern eine größere Bedeutung als rationelles Bauen. An einer kostenorientierten Koordination des Bauablaufes einschließlich eines hohen Anteils vorgefertigter Teile besteht kaum Interesse.
- Kostengünstiges Bauen birgt Haftungsrisiken für die am Bau Beteiligten, da die Gerichte Gewährleistungsansprüche nach den heute üblichen hohen Standards bemessen. Diese sind jedoch nur bei aufwendigem Bauen zu rechtfertigen. Ein Abweichen von diesen Standards, die sich zum Teil in

den allgemein anerkannten Regeln der Technik niederschlagen, wird erschwert, weil daraus Vermarktungs- und Vertragsrisiken für die Bauträger entstehen. Die Eröffnung eines Marktes für kostengünstige Objekte wird behindert. Die allgemein anerkannten Regeln der Technik werden nicht als Mittelpunkt eines breiten Spektrums von Möglichkeiten interpretiert, sondern von den Gerichten als das Mindestniveau angesehen.

- Die hohen Förderungen im sozialen Wohnungsbau durch die öffentliche Hand wurden nicht dazu benutzt, um in Richtung „kostengünstiges Bauen" zu wirken, sondern haben und hatten (nur) das Ziel, das hohe Baukostenniveau für den Käufer oder Mieter erträglicher zu machen.
- Die Beschränkung des Angebotes auf teure Objekte hat dazu geführt, daß nur die überdurchschnittlich kaufkräftige Nachfrage mit ihren spezifischen Ansprüchen marktwirksam geworden ist. Dadurch wurde die Vorstellung genährt, eine Nachfrage nach preiswerten Wohnungen mit niedrigen Standards sei nicht vorhanden.

Kostengünstige Reihenhäuser – nicht in Deutschland

Die Behauptung, es gäbe keine Nachfrage nach kostengünstigen Objekten, ist falsch. Befragungen von Bewohnern kostengünstig erstellter Reihenfamilienhäusern haben ergeben, daß auch in Deutschland, vor allem bei Familien mit kleinen Kindern, eine ausgeprägte Bereitschaft vorhanden ist, in einfachen, kostengünstigen Häusern zu wohnen. Im Vergleich zum Wohnen auf der Etage sind die Vorteile für Familien mit Kindern besonders hoch. Deshalb verwundert es nicht, daß an der holländischen und dänischen Grenze zahlreiche Haushalte als „Baukostenauswanderer" in das Nachbarland ziehen, um dort preisgünstiger kaufen zu können. Die Bereitschaft, im Einfamilienhaus niedrige Standards in Kauf zu nehmen, hängt wesentlich mit dem höheren Nutzwert dieser Bauform insbesondere für junge Familien zusammen.[16]

„Netz der rechtlichen Verflechtungen"

Die Einzelheiten sind sehr kompliziert: Man muß, um die Gründe zu verstehen, einsteigen in das „Netz der Verflechtungen" zwischen den rechtlichen Rahmenbedingungen des Mietrechts, Baurechts und Steuerrechts, den Gegebenheiten der Baubranche, den am Bau beteiligten Bauhandwerkern und den

Verfahrensabläufen zwischen Bauherren, Architekten, Bauordnungsbehörden und der Baustellenorganisation.

2. Geschichtliche Entwicklung und Traditionen in Deutschland

Staatliche Immobiliensteuerung seit rd. 85 Jahren

In Deutschland hat es im Prinzip noch nie einen freien Immobilienmarkt gegeben. Konkret steuert der Staat seit ca. 1913, also seit rund 85 Jahren, die Immobilienwirtschaft, speziell die Wohnungswirtschaft – und nicht nur im Osten, sondern auch im Westen Deutschlands. Hier durch das Baurecht, Mietrecht und Steuerrecht, im Osten seinerzeit direkt durch die sogenannten „Lenkungsorgane".

Die Entstehung des heutigen Baurechts und seiner Kompliziertheit muß unter dem Gesichtspunkt der geschichtlichen Entwicklung und Traditionen in Deutschland gesehen werden. Deshalb zunächst ein kleiner geschichtlicher Exkurs:

Ausgang: Der Bevölkerungsboom Anfang 1900

Im Jahre 1816 trat eine außerordentlich starke Bevölkerungszunahme von vorher ca. 25 Millionen auf ca. 65 Millionen Einwohner im Jahre 1910 ein. Dieser Bevölkerungszuwachs von 40 Millionen siedelte sich fast ausschließlich in Städten und Großstädten an. Noch 1871 wohnten zum Beispiel noch nicht 5 % der Gesamtbevölkerung in Städten von 100 000 und mehr Einwohnern, 1910 waren es bereits ca. 20 %, die Anzahl dieser Städte stieg, aufgrund dieses Zuwachses, von 8 auf 46.[17]

Mißstände und mangelhafte Bauordnungen

Menschenmassen strömten in die Städte

Man muß sich vorstellen, was dieser Zug vom Lande in die Städte für deren Entwicklung in baulicher und städtebaulicher Hinsicht bedeutete, insbesondere, welche Schwierigkeiten es beim damaligen Stand der Bautechnik und in bezug auf die Verwaltung gab, um diesen sich unablässig vom Land in die Städte ergießenden Menschenstrom in den Griff zu bekommen. Diese Entwicklung ging einher mit der geschichtlich bekannten industriellen Entwicklung. Zwar gab es auch vor 1910 schon Bauordnungen und Baupolizeivorschriften, sie dienten jedoch (nur) der Standfestigkeit und Feuersicherheit. Die Folgen dieser mangelhaften Bauordnungen machten sich vor allem in zwei Richtungen bemerkbar:

Die Städte wurden zugebaut

- In einer hochgradigen Überfüllung der schon aus älterer Zeit vorhandenen Wohnungen und
- in einer völlig regellosen und teilweise unhygienische Verhältnisse herbeiführenden Wohnungsproduktion, die dazu führte, daß jeder freie Raum mit Hinterhäusern, Seiten-, An- und Flügelbauten zugebaut wurde.[18]

Staatliche Einflußnahme auf das Baugeschehen

Staatliche Einflußnahme entwickelte sich

Diese und weiterere Mißstände waren der Anlaß für eine stärkere staatliche Einflußnahme auf das Baugeschehen, das bis heute immer weiter ausgebaut wurde:

- Durch Bebauungspläne wird festgelegt, wo, in welcher Dichte und in welchen Bauformen gebaut werden darf.
- Der Aufwand der Erschließung (Straße, Wasser, Abwasser, Strom) wird von der Kommune festgelegt.
- In Landesbauordnungen wird im Detail bestimmt und kontrolliert, ob und wie in bezug auf Standfestigkeit, Brandschutz, Belichtung und Belüftung, Baumaterialien, Verhältnis zur Nachbarschaft usw. gebaut werden darf.
- In einer Vielzahl gesetzlicher Regelungen ist die Zuständigkeit besonderer Ämter wie des Naturschutzes, Straßenbau, Gewerbeaufsicht, Denkmalschutz usw. festgelegt.

„Das gegenwärtige Planungs-, Produktions- und Vermarktungssystem ist das Ergebnis eines historischen Prozesses, in dem sich staatliche Regulierungen, die Rollen der am Bau Beteiligten und die Präferenzen und Gewohnheiten der Nachfrage gegenseitig abstützen. Öffentliche Planungstraditionen haben bestimmte Kostenstrukturen und Anforderungen an Berufe hervorgebracht. Die Anbieter haben sich auf diese Situation eingestellt und darauf spezialisiert.“[19]

Dieses Verhalten der staatlichen Steuerung setzte sich während des Krieges und danach in Ost und West fort, im Osten nannte man es „Lenkung“, im Westen wollte die Bundesregierung immerhin dreimal in 45 Jahren auch die Wohnungswirtschaft in die Marktwirtschaft überführen, jedenfalls taucht in drei Regierungserklärungen ein entsprechender Satz auf:

Die Marktwirtschaft sollte schon 1957 eingeführt werden ...

- 1957: Im Oktober sagte Adenauer in seiner dritten Regierungserklärung: „In den kommenden Jahren wird auch die Frage der Überführung der Wohnungswirtschaft in die Marktwirtschaft akut werden. In dem Maße, in dem die Wohnungsnot beseitigt wird, kann die Wohnraumbewirtschaftung fallen.“
- 1960: Neben dem Bundesbaugesetz war die Diskussion um die Überführung der Wohnungswirtschaft in die soziale Marktwirtschaft das zentrale Thema des Dritten Deutschen Bundestages.
- 1980 erklärt Bundeskanzler Schmidt in seiner Regierungserklärung: „Die Bundesregierung wird schrittweise mehr marktwirtschaftliche Elemente in den sozialen Wohnungsbau einführen, damit trotz gestiegener Kosten mehr Wohnungen gebaut werden können ...“[20]

... aber das Gegenteil trat ein

Allerdings kam man über diese Absichtserklärungen nie hinaus. Es kam zu keinerlei Gesetzen in dieser Richtung. Die Hauptdiskussionen fanden in den 70er Jahren statt. Man diskutierte (wieder) endlos darüber, ob Grund und Boden ein „Sozialgut“ und damit gewinnfrei zu führen oder ein „Wirtschaftsgut“ seien. Die Diskussion verlief im Sande und endete (im Westen) in einem zu Gunsten des Mieters veränderten Mietrecht, im Osten sind die Auswirkungen der „Platte“ (Plattenbauten) hinreichend bekannt.

3. Das Baurecht *heute*

Einschränkung der Handlungsfreiheit des Bauenden

In Deutschland schränkt das öffentliche Baurecht im sogenannten öffentlichen Interesse die allgemeine Handlungsfreiheit des Bauenden ein. Hierzu besteht eine Flut von Vorschriften, bundeseinheitlich gilt das Baugesetzbuch, und in jedem Land bestehen eigene Landesbauvorschriften.

Kommunale Pläne müssen aufeinander abgestimmt sein

Flächennutzungs- und Bebauungsplan

Für die kommunale Planung gibt es zwei Arten von Bauleitplänen, nämlich den sogenannten Flächennutzungsplan und den Bebauungsplan. Im ersteren legt die Kommune für sich selbst die für ihr Gemeinde- bzw. Stadtgebiet geplante Entwicklung fest. Aus diesen Festlegungen kann später in bezug auf die Bebauung ein Bebauungsplan aufgestellt werden. Er kann allgemein sein, zum Beispiel nur Fläche, Straße(n) und Bebauungstyp beschreiben, er kann aber auch bis ins Detail gehen. In einem Bebauungsplan der Stadt Frankfurt a. M. ist nicht nur jeder Baukörper in allen Maßen festgelegt, es ist auch festgelegt, welche Blumenart (vom Bauherrn) an welcher Stelle gepflanzt werden muß. – Die Aufstellung eines Bebauungsplans ist ein schwieriges und langwieriges Unterfangen mit vielen Einzelschritten.

Der lange Weg zum Bebauungsplan

13 Schritte zur Aufstellung eines Bebauungsplans
1. Prüfung des Bedürfnisses für die Aufstellung
2. Aufstellungsbeschluß mit öffentlicher Bekanntmachung
3. Erarbeitung der Rahmenbedingungen
4. Vorgezogene Bürgerbeteiligung
5. Beteiligung der Träger öffentlicher Belange
6. Besprechung der Erfahrungen im Gemeinderat
7. Erarbeitung eines auslegungsreifen Planes
8. Billigungs- und Auslegungsbeschluß
9. Ortsübliche Bekanntmachung
10. Einmonatige öffentliche Auslegung
11. Prüfung der Bedenken und Anregungen
12. Ggf. Änderung der Planung und Beginn ab Nr. 7
13. Feststellungs- bzw. Satzungsbeschluß

Bauleitplanungen mit gestalterischen und ökologischen Elementen

Die Kosten spielen keine Rolle

In der bisherigen Praxis der Bauleitplanung spielen die Kosten bzw. der Gesichtspunkt einer kostengünstigen Erschließung und eines kostengünstigen Bauens nur eine untergeordnete Rolle. In der Regel werden Bebauungspläne ohne direkten Kontakt und erst recht nicht in enger Kooperation mit den künftigen Investoren realisiert. Deren Vorstellungen von den günstigen Hausformen werden vielfach nicht zur Kenntnis genommen. In den Bauausschüssen wird die Frage einer kostengünstigen Erschließung selten behandelt. Anreize dafür sind gering, weil die Kosten zu 90 % von den Eigentümern getragen werden (Anmerkung: Auch eine 100 %-Umlage ist möglich). Bauleitplanungen werden unter heutigen Bedingungen meist nach gestalterischen und ökologischen Gesichtspunkten entschieden. Es resultieren oft sehr enge Festsetzungen, die die Entscheidungsfreiheit im Sinne einer kostengünstigen Lösung in den nachgelagerten Bereichen einengen.[21]

Kein Freiraum für Innovationen

Viele historische Gebäude dürften heute nicht (mehr) gebaut werden

Die strenge Form der Bauleitplanung verhindert auch Innovationen. Heute würde es zum Beispiel das Schloß Neuschwanstein nicht mehr geben, denn es steht nach der Bayerischen Bauordnung im Außenbereich, und dort dürfen im Prinzip nur landwirtschaftlich genutzte Gebäude errichtet werden, Südhänge und Bergspitzen sind freizuhalten. Auch die Walhalla in Regensburg würde nicht genehmigt, denn Tempel im griechischen Stil sind mit dem in Bayern üblichen Landschaftsbild nicht zu vereinbaren. Außerdem schreibt die Bayerische Bauordnung für Treppen nicht nur die Stufenhöhe, sondern auch ein Geländer vor, wobei nach 16 Stufen ein Treppenpodest folgen muß. Alles nicht eingehalten! Somit hätten heute diese (und viele andere) berühmten Bauwerke keine Chance für eine Baugenehmigung!

4. Die aktuelle Baukostensituation

Nach diesen grundsätzlichen planerischen Grundsätzen kommen wir zu den für einen Käufer/Investor wesentlichen Kosten, die sich gegenseitig hochschaukeln.

Kostenpunkt 1: Monopol der Baugrundstücke

Bauerwartungsland

Durch Überlegungen der Kommune, ein bestimmtes Agrargrundstück (zum Beispiel eine Wiese) als Baugebiet auszuweisen, entsteht Bauerwartungsland, also ein Gebiet, für das eine bestimmte Bebauung zugelassen werden soll.

Bauland

Anders gesagt: Die bisherige Wiese, für die sich kein Pächter interessiert und die bislang kaum Ertrag bringt, soll nun umgewandelt werden zu einer Nutzung, die allgemein sehr gefragt ist, nämlich zu Bauland. Immobilien sind im Ertrag wesentlich höher anzusiedeln als die Pacht von Agrarland. Somit tritt durch diese sogenannte Umnutzung (Änderung der bisherigen Nutzungsart) eine wesentliche Erhöhung des Ertrages ein. Im Vorgriff auf diese Ertragswerterhöhung wird es also – alleine durch die Überlegung der Umnutzung – zu einer schlagartigen Erhöhung des Grundstückspreises kommen. – Warum?

Grundstücksmarkt ist ein Markt der Monopole

Der Grundstücksmarkt, und dies ist von besonderer Bedeutung, ist ein Markt der Monopole. Kein Eigentümer eines Grundstücks kann im Normalfall verpflichtet werden, dieses ihm gehörende Grundstück zu verkaufen. Hinzu kommt: Jedes Grundstück ist ein Unikat, jedes Grundstück gibt es nur ein einziges Mal auf der Welt!

Diese Marktsitation ist ähnlich wie bei alten Gemälden und Antiquitäten. Einzelstücke (Unikate) „alter Meister“ erzielen, sofern sie überhaupt öffentlich angeboten werden, auf Auktionen Millionenbeträge.

Grundstücke sind eine Ansammlung von Unikaten

Ähnliches geschieht auch im Grundstücksgeschäft. Grundstücke sind eine Ansammlung von Unikaten und durch die mögliche Bebauung tritt bei den bisherigen Grundstückseigentümern (den Inhabern der Monopole) eine Art „spekulative Erwartungshaltung“, ein und zwar dahingehend, durch die Umnutzung des Grundstücks in (knappes) Bauland höhere bzw. steigende Grundstückspreise zu erzielen.

Die Kommune als Grundstücksmakler

Um dieses, zu den Grundprinzipien der Marktwirtschaft gehörende Verhalten (große Nachfrage erhöht den Preis) außer Kraft zu setzen, haben einige Kommunen begonnen, bereits im Vorfeld die besagten Grundstücke selbst aufzukaufen, um sie später an Bauwillige weiterzukaufen. Die Kommune versetzt sich damit in die Lage eines Grundstückshändlers. Dieses, im Prinzip lobenswerte Verfahren, bringt aber dann politischen Ärger, wenn mehr Nachfrager als Grundstücke vorhanden sind. Hier gerät dann die Kommune leicht in den Verdacht von Mauscheleien beim Verkauf dieser Grundstücke. Oftmals werden deshalb diese Grundstücke verlost. Damit soll nur angedeutet sein, daß das Grundstücksgeschäft eine sehr schwierige und komplizierte Materie ist.

Die Zeit spielt keine Rolle

Mit steigender Grundstücksqualität (von der Wiese über das Bauerwartungsland, Rohbauland zum baureifen Grundstück) steigt der Wert eines Grundstücks überproportional an. Dazu folgendes Schaubild zur sogenannten Baureife eines Grundstücks:

Bodenwert in DM je m²	Grundstücksentwicklung
150	Erschließungskosten
120	Inkrafttreten des Bebauungsplanes
70	Auslegung des Bebauungsplan-Entwurfs
30 20	Darstellung als Baufläche im Flächennutzungsplan
10	Grundstückspreis als Agrarfläche
Laufzeit	ca. 15 Jahre[22]

Anmerkung: Die Bodenwert-Beträge dienen nur zur Orientierung.

Das „Ausweisen von Baugrundstücken" schafft Monopole

Dies bedeutet, daß im Prinzip der Grundstückspreis von der Agrarfläche bis zum Bebauungsplanentwurf bereits um das Siebenfache gestiegen ist, obwohl sich am Grundstück noch überhaupt nichts geändert hat, es ist noch immer nur die Wiese vorhanden. Das bisherige System des Bebauungsplanes führt also für den Bauherrn zu explosionsartig steigenden Grundstückspreisen, weil es die bisherigen Grundstückseigentümer zu „Monopolisten von Baugrundstücken" macht. So wie jeder Inhaber eines wertvollen Gemäldes weiß, daß sich der Wert automatisch durch die vergehende Zeit erhöht, so weiß auch der Grundstücksmonopolist, daß sich der Grundstückspreis automatisch erhöht, je länger er mit einem Verkauf wartet, und dies wird er tun, sofern er nicht auf das Geld unmittelbar angewiesen ist.

Der Vorteil zur Pflicht des Ausweisens von Baugelände besteht zweifellos darin, daß es zu einer planerisch geordneten Bebauung kommt und wildes Bauen verhindert wird.

Der Nachteil besteht in den enormen Grundstückspreissteigerungen und in der Langwierigkeit des Verfahrens von bis zu 15 Jahren.

Die Kommune will mitverdienen

Ferner ist die finanzielle und verwaltungstechnische Belastung der Kommune enorm. Salopp gesagt: sie muß die Arbeit machen und bekommt nichts dafür. Im Gegenteil, sie muß für die Folgelasten der Infrastruktur aufkommen. Aus diesem Grund wurde die „Abschöpfung des Planungsgewinns" geboren, was bedeutet, die Kommune will aus der Grundstückspreissteigerung, die durch das Ausweisen in Bauland entsteht, den darin enthaltenen Gewinn selbst einkassieren. Manche Kommunen sind dazu übergegangen, an die Baugenehmigung die Bedingung zu knüpfen, daß sich der Bauträger verpflichten muß, gleichzeitig eine bestimmte Zahl von Sozialwohnungen zu bauen und zusätzliche finanzielle Zugeständnisse in der Finanzierung dieser Sozialwohnungen einzugehen.

Kostenpunkt 2: aufwendige Grundstückserschließung

Erschließungskosten werden umgelegt

Mit der Aufstellung der Bebauungspläne werden gleichzeitig die Grundzüge der öffentlichen Erschließung festgelegt. Die Dimensionierung von Erschließungsanlagen hat dabei zwei wichtige Kostenkomponenten: die Kosten für die Bereitstellung der notwendigen Flächen und die Herstellungskosten der Anlagen. Diese Erschließungskosten kann die Gemeinde zu 90 %, bei Verträgen auch zu 100 % auf die Grundstückseigentümer umlegen. Die Bauherren und Grundeigentümer haben jedoch kaum eine Möglichkeit zur Einflußnahme auf die Wahl der Erschließungsstandards.

Einheitserschließung und Erschließungsstandards: „am grünem Tisch" festgelegt

Dazu die Expertenkommission: „Unabhängig von den tatsächlichen Wünschen der Nachfrager wird eine Einheitserschließung angeboten. Würden die Nachfrager Einfluß auf die Erschließung nehmen können, wäre ein differenziertes Angebot von Wohngebieten mit unterschiedlichen Erschließungsstandards am Markt verfügbar. (Beispiele aus den Niederlanden und Dänemark zeigen, daß einfache Erschließungsstandards durchaus gewünscht werden und möglich sind, wenn damit der Zugang zu Wohneigentum erleichtert wird.) Sowohl in den politischen Gremien als auch in den Ämtern entsteht unter diesen Bedingungen die Tendenz zur Verselbständigung der Erschließungsstandards. Dies führt zu einer Erhöhung der Erschließungskosten. In Neubaugebieten sind 100,– DM/m^2 und mehr je Grundstücksfläche keine Seltenheit. Ein systematischer Anreiz zur Kostensenkung besteht nicht. Bemühungen um Kostenreduzierungen wurden bislang nur von einzelnen, besonders engagierten Planern und Tiefbauverwaltungen eingeleitet.

Gravierende Unterschiede bei den Erschließungskosten

Die Abrechnung der Erschließungskosten findet entweder auf der Basis der tatsächlich entstandenen Kosten statt, oder es wird vor allem in größeren Städten nach Einheitssätzen abgerechnet. Diese Einheitssätze werden aus Erfahrungswerten bei der Erschließung abgeleitet und im Rahmen der Erschließungsbeitragsatzung festgelegt. Die Kosten werden ganz oder teilweise auf den Eigentümer umgelegt, wobei als Schlüssel zur Verteilung die Grundstücksfläche und die mögliche Geschoßfläche berücksichtigt werden. Ein Vergleich der Einheitssätze in Köln und Frankfurt am Main ergibt erstaunliche Unterschiede: So fließt die Straßenentwässerung in Köln mit 74,50 DM/m^2 Straßenfläche in die Beitragsberechnung ein. In Frankfurt/Main werden nur 40,36 DM/m^2 berechnet. Ein Quadratmeter Parkfläche kostet in Frankfurt/Main mit 171,60 DM/m^2 nahezu das Doppelte von einem Quadratmeter in Köln (95,65 DM/m^2). Ein Straßenbaum ist in Köln für 1540,– DM zu haben, in Frankfurt werden zwischen 3500,– DM und 5800,– DM berechnet. Wären allein die unterschiedlichen Bodenkosten für diese und andere hier nicht wiedergegebene Abweichungen verantwortlich, müßte eine Stadt an allen Positionen höhere Werte aufweisen. Da dies nicht der Fall ist und man davon ausgehen kann, daß die Einheitssätze aus tatsächlichen Kosten abgeleitet werden, sind die vorhandenen Unterschiede nur durch besondere Vorlieben der vor Ort Zuständigen zu erklären, die sich jeweils verselbständigt haben."[23]

Drei preistreibende Punkte

Bis jetzt haben wir also in bezug auf die Kosten folgende Situation:

- Der Grundstückseigentümer ist nicht an niedrigen Grundstückspreisen interessiert.
- Das Bauplanungsrecht ist nicht an der vergehenden Zeit und an niedrigen Bauplanungskosten orientiert.
- Die Erschließung durch die Kommune ist nicht an die kostengünstigste Lösung gebunden.

Kostenpunkt 3: überzogenes Bauordnungsrecht

Ab dem Bauantrag gilt das Bauordnungsrecht

Mit dem Bauordnungsrecht hat jeder Bauherr bzw. Architekt zu tun, sobald der Bauantrag eingereicht wird. Das Bauordnungsrecht ist Landesrecht und regelt die Rechte und Pflichten der Bauaufsichtsbehörden. Mögliche Maßnahmen sind:

- Erteilung von Baugenehmigungen bzw. Ablehnung von Bauanträgen
- Nutzungsuntersagungen
- Stillegung von Vorhaben
- Versiegelung von Baustellen
- Abbruchanordnungen (Beseitigungsverfügungen)
- Erteilung und Ablehnung von Befreiungen und Ausnahmen

- Erteilung von Teilgenehmigungen, Ablehnung von Teilungsanträgen

Der Bauantrag

Bauantrag: ein formelles Verfahren

Die Bedeutung des Bauordnungsrechts wird für den Bauherrn deutlich, wenn der Architekt schon in der Planungsphase stöhnt: „Das bekommen wir nicht genehmigt“, spätestens aber bei Stellung des Bauantrags bei der Kommune. Sie leitet den Antrag, wenn sie nicht selbst Genehmigungsbehörde ist, mit ihrer Stellungnahme an die Bauaufsichtsbehörde weiter. Aufgrund anderer Gesetze oder Verordnungen ist die Baugenehmigung häufig an die Zustimmung weiterer Fachbehörden wie Naturschutz, Umwelt usw. gebunden. Selbstverständlich sind auch die Nachbarn am Baugenehmigungsverfahren zu beteiligen. Deren Zustimmung, d. h. Unterzeichnung der Bauanträge, ist in der Praxis bereits vor Einreichung des Bauantrags einzuholen.

Die Tücken der Baugenehmigung

Das Baugenehmigungsverfahren endet mit der Entscheidung der Behörde über den Bauantrag, also entweder mit der Erteilung der Genehmigung oder mit der Zurückweisung des Antrags.

Einreichen aller Unterlagen nötig

Daß die Baugenehmigung zu lange dauert, war schon vielfach öffentliche Diskussion. In einigen Bundesländern gilt die Genehmigung als erteilt, wenn die Bauaufsichtsbehörde über den Bauantrag nicht innerhalb einer Frist von sechs Wochen entschieden hat, wobei diese Frist nur aus wichtigem Grund um höchstens sechs Wochen verlängert werden kann. Die Frist läuft allerdings erst, wenn sämtliche Unterlagen komplett eingereicht sind, und damit beginnen bereits die Schwierigkeiten.

„Vereinfachtes“ Genehmigungsverfahren

Um die Behörden zu entlasten und das Baugenehmigungsverfahren einfacher und bürgerfreundlicher zu gestalten, wurden, überwiegend nur aus politischen Gründen, in verschiedenen Ländern die genehmigungsfreien Vorhaben erweitert bzw. ein sogenanntes „vereinfachtes“ Genehmigungsverfahren eingeführt, jedoch nur für bescheidene Nebeneinrichtungen oder Verfahrensabläufe. Soweit man hört, haben diese Regelungen bisher auf beiden Seiten zu keiner wesentlichen Entlastung geführt.

Baubehörde: Verantwortung für Projekte, die sie nicht veranlaßt hat

Der Vorwurf an die Behörden ist nur teilweise gerechtfertigt. Die Baugesetze zwingen die Genehmigungsbehörden, Verantwortung zu übernehmen für Projekte, die sie nicht veranlaßt haben. Somit überwiegt die Vorsicht, das Sicherheitsdenken, und deshalb spielen aus ihrer Sicht Zeit und Geld nur eine untergeordnete Rolle. Es ist das Rechtssystem, das dieses Verhalten aufzwingt.

Die Details des Bauordnungsrechts sind, mit all ihren Durchführungsbestimmungen, äußerst kompliziert und im innerstädtischen Bereich kaum komplett einzuhalten. Können nicht alle Vorschriften eingehalten werden, liegt die Entscheidung einer Genehmigung im Ermessen der zuständigen Behörde. Dazu kann die Behörde Auflagen, Ausnahmen und Befreiungen erteilen. Der in der Praxis am meisten vorkommende Fall ist die Baugenehmigung unter Einhaltung von Auflagen. Hierbei wird dem Bauherrn das Dulden, Ausführen oder Unterlassen von Maßnahmen vorgeschrieben.

Die Frage, welche Anforderungen zur Erlangung einer bauaufsichtlichen Genehmigung vom Bauherren noch erfüllt werden müssen, unterliegt vielfach der rational nicht nachzuvollziehenden Beurteilung der Genehmigungsbehörden.

Beispiel:

Bestehende Bauwerke werden stets beaufsichtigt

Ältere Bauwerke, die modernisiert oder umgestaltet werden sollen, bedürfen der Baugenehmigung. In diesen Fällen werden die Bauherrn/Eigentümer mit aktuellen, im jetzigen Neubau geltenden sicherheits- oder schallschutztechnischen Standards konfrontiert. Zum Beispiel wird gefordert, daß Holztreppen feuerbeständig verkleidet sein müssen und ein zweiter Rettungsweg vorhanden sein muß, notfalls in Leiterform an der Außenwand des Hauses. Warum stellen Holztreppen, die seit vielen Jahren (Jahrzehnten) bestehen, plötzlich eine Gefahr dar?

Im Baugenehmigungsverfahren wird ferner keine Abwägung zwischen Risiken und Kosten der Risikovermeidung vorgenommen. Eine unflexible Handhabung von Beurteilungsspielräumen im Baugenehmigungsverfahren wird von der Baupraxis beklagt. Einige Zitate aus der Expertise „Was behindert das kostengünstige Bauen in der Praxis?“ illustrieren diese Aussage:

Baugenehmigungsverfahren der Behörde: zu schwerfällig

- „Die lassen nicht mit sich handeln.“
- „Keiner will Verantwortung übernehmen im Alltag.“
- „Die Ermessensspielräume des einzelnen gehen zu weit.“
- „Die Entscheidungen erscheinen willkürlich.“

Entscheidungswege und Ermessensspielräume sind von außen undurchsichtig

Ermessensspielräume sind immer dann bedeutsam, wenn bislang nicht übliche Gebäude und Gebäudestile genehmigt werden sollen. Zum Beispiel werden zur Zeit wieder verstärkt Holzbauweisen angeboten, die vor allem im Geschoßwohnungsbau nicht mit den Brandschutzbestimmungen des deutschen Bauordnungsrechtes vereinbar sind. Die im deutschen Bauordnungsrecht enthaltenen Brandschutzvorschriften sind in der Hauptsache an der Massivbauweise orientiert. Ob dann eine Ausnahme gewährt wird, liegt in der Hand der örtlichen Bauaufsicht.

Da diese Ermessensspielräume in Kenntnis der baulichen Voraussetzungen des einzelnen Gebäudes getroffen werden müssen, sind hier Einzelfallentscheidungen von Fachdienststellen, wie Feuerwehr, und Genehmigungsbehörden notwendig. Die geforderten Maßnahmen liegen dann in der Entscheidungsgewalt des Bearbeiters und finden stark vor dem Hintergrund der persönlichen Erfahrungen mit Schadensfällen und der individuellen Verantwortungsbereitschaft statt. Bei den zuständigen Spezialisten oder Spezialverwaltungen besteht auch die Neigung, ihre Ziele und Aufgaben sehr hoch zu gewichten und die Folgelasten für die Eigentümer gering zu bewerten. Die Resultate stellen für viele Bauherren ein Ärgernis dar.

„Vitamin B“ (= Beziehungen) teilweise von Vorteil

In der Praxis besteht nur eine geringe Bereitschaft und Möglichkeit, sich gegen unberechtigte Forderungen zu wehren. Die Rechtslage ist auch Fachleuten oft nicht bekannt, außerdem bedeutet eine Auseinandersetzung darüber ein zeit- und kostenraubendes Engagement, das für den Einzelbauherren oft nicht lohnend ist. Größere Bauherren bzw. ihre Architekten bauen dagegen in der Regel auf eingespielte Beziehungen zur Bauaufsicht und werden aus diesem Grund bei einer einzelnen unberechtigten Forderung vor einer Klage zurückschrecken. Ein Widerspruch kann zu einem Prozeß und zu einer Verzögerung der Bauinvestition führen, wobei die Verzögerungskosten oftmals höher als die Kosten der Auflagen sind. Insgesamt entsteht so ein Klima, in dem Bauordnungsämter über lange Fristen eine sehr einseitige Interpretation ihres Ermessens praktizieren können, ohne daß sie mit einem systematischen Widerstand rechnen müssen.[24]

Der Bauantrag und die Baugenehmigung sind nur ein (erster) Teil des Bauordnungsrechts. Ein weiterer größerer Komplex befaßt sich mit Details zum „wie“, also wie „offiziell“ gebaut werden muß.

Beispiel: Treppenstufen

Kleinigkeiten werden sehr genau genommen

Treppenstufen bei Neubauten müssen exakt 17,5 cm hoch sein. Damit diese Vorschrift eingehalten wird, werden die Treppenstufen selbstverständlich von einem Beamten nachgemessen, und sollte er Abweichungen feststellen, kann er entsprechende Sanktionen auslösen. Auf den Wunsch des Bauherrn, auf Kinder und Behinderte wird dabei keine Rücksicht genommen.

Im Ausland laufen Deutsche zu Millionen Treppenstufen auf und ab, die weder 17,5 cm hoch noch überhaupt gleichmäßig sind und bei denen auch manchmal das Geländer fehlt (deutsche Vorschrift: 110 cm Höhe), ohne daß etwas passiert, und die meisten Touristen finden es „toll“.

Die DIN-Normen

Die Landesbauordnungen werden vor allem durch DIN-Normen und durch die Bekanntmachung von bautechnischen Regeln ergänzt. Im Zuge einer solchen Einführung erhalten DIN-Normen oder andere technische Regelwerke einen bauordnungsrechtlichen Status.

Rund 2000 DIN-Normen

In der Bundesrepublik gibt es eine lange Tradition der Erarbeitung technischer Regeln, insbesondere von DIN-Normen für den Baubereich. Unter Berücksichtigung von Zulieferungen aus anderen Bereichen kommen etwa rd. 2000 bis 2200 Normen zur Anwendung. Dabei sind verschiedene Arten zu unterscheiden, die unterschiedliche Zwecke erfüllen: Produktnormen, Planungsnormen, Ausführungsnormen, Bemessungsnormen, Prüfnormen, Begriffsbestimmungsnormen.

Da die Normen als allgemein anerkannte Regeln der Technik gelten, wird dies dadurch unterstützt, daß einige Rechtsvorschriften wie die Landesbauordnungen in einer Generalklausel Vorschriften enthalten, wonach die „allgemein anerkannten Regeln der Technik“ zu beachten sind.

Normen verhindern Innovation

Die Vielfalt der Regeln führt dazu, daß die Normen als ein unüberschaubares Spezialwissen empfunden werden. Bei einzelnen Planern, Handwerkern und Bauunternehmern resultiert das Gefühl, von einem starren System eingeengt zu sein, das keine Freiheiten (= keinen Markt) zur Entwicklung innovativer Bauverfahren zuläßt.

Deutsche Normen: schwerer umsetzbar

Die meisten Baubeteiligten haben, aufgrund der nun rund 40jährigen Anwendung, das Qualitätsniveau deutscher Gesetze und Normen schon so stark verinnerlicht, daß sie sich kaum mehr eine andere Art des Bauens vorstellen können. Viele haben vielleicht auch resigniert. Zwar sind auch im internationalen Vergleich der Normen, die im Zusammenhang mit den wesentlichen Anforderungen an Bauwerke stehen (Brandschutz, Schallschutz, Standsicherheit, Energieeinsparung und Wärmeschutz usw.), keine wesentlichen Unterschiede zu erkennen, d. h., auch im europäischen Ausland gelten ähnliche Standards und die Normen werden nach ähnlichen Prinzipien erstellt, jedoch sind die ausländischen Normen leichter umsetzbar. Eine Anpassung an deutsche Normen zieht eine Erhöhung der Kosten von 3 bis 7 % nach sich, was bezogen auf ein Reihenhaus mit 125 m^2 Wohnfläche mit ca. 70,– DM/m^2 zu Buche schlägt.[25]

Bauordungsrecht: preistreibend

Das deutsche Bauordnungsrecht mit allen dazugehörigen Gesetzeswerken erhöht somit die Baukosten wesentlich, wobei der Faktor Zeit, nämlich die Zeit, die durch Eingriffe der Behörden in den technischen Bauablauf (Einstellung der laufenden Bauarbeiten, wenn nach Meinung der Behörden nicht gemäß der Genehmigung bzw. den Auflagen gebaut wurde) vergeht, nicht mitgerechnet ist.

Kostenpunkt 4: Baustellenorganisation

Handwerker arbeiten nicht miteinander, sondern nacheinander

Charakteristisch für die Bauproduktion in Deutschland ist, wie schon erwähnt, eine weitgehend handwerkliche Fertigung, d. h., die Immobilien werden individuell gestaltet und zusammengebaut. Dies ist die Stärke des Handwerks. Auch technisch und wirtschaftlich zusammenhängende Bauleistungen (zum Beispiel der Bau eines Badezimmers) verteilen sich dabei auf eine Vielzahl von Spezialisten mit einer eigenen und sehr hoch bewerteten fachlichen Tradition. Selbst auf einer Baustelle für ein einfaches Einfamilienhaus arbeiten in der Regel die verschiedenen Gewerke (Maurer, Sanitär, Heizung, Elektro usw.) in verschiedenen Unternehmen.

Die Expertise „Was behindert das kostensparende Bauen in der Praxis?" kommt ebenfalls zu der Einschätzung, daß jede Wohnung produziert wird „wie ein Unikat, mit traditioneller Gewerketrennung und dem immensen Aufwand an Koordination und Überwachung". Dabei wird auf den Ablauf zur Herstellung eines Bades verwiesen, den ein Gesprächspartner beigetragen hat: „Die Herstellung eines simplen Badezimmers beginnt im konventionellen Bauablauf mit der Herstellung des Rohbaus (Wand und Decken); dann kommt der Heizungsbauer, nachfolgend das Sanitärgewerk und das Elektrogewerk (manchmal auch das Gewerk des Lüftungsbauers), die alle nacheinander die Anschlüsse für ihre Rohrinstallation verlegen. Es folgt der Putzer, darauf der Estrichleger, dann wieder das Sanitärgewerk, das jetzt die Badewanne aufstellt. Anschließend kommt der Fliesenleger, um Boden, Wände und Wanne zu fliesen, dann der Schreiner, der die Türen einbaut. Es folgt der Putzer bzw. Maurer oder Trockenbauer, der die Vorwandinstallation vorbereitet. Schließlich kommen nacheinander wieder der Heizungsbauer, das Sanitärgewerk, der Elektriker, der Lüftungsbauer, um jeweils die Fertiginstallation herzustellen. Anschließend kommt der Spritzer, der die Fugen ausspritzt und zum Schluß der Maler."[26]

„Zeit ist Geld" trifft nur den Bauherrn

Jeder Wechsel von einem zum anderen Handwerker ist vielfach mit Stillstandszeiten verbunden, nämlich bis der nächste Handwerker, der zur Zeit eine andere Baustelle bedient, Zeit hat, um auf dieser Baustelle weiterzumachen. Bis er dann mit dem gesamten Handwerkszeug, den Bauteilen usw. anrückt und die Baustelle einrichtet, vergeht bereits wieder ein Tag, und so vergeht die Zeit. Das Sprichwort „Zeit ist Geld" trifft nur den Bauherrn. Eine Verzögerung eines Handwerkers führt zu Zeitverschiebungen bei den nachfolgenden, und auf diese Weise verzögert sich die gesamte Bauzeit – und keiner ist Schuld!

Die Frage ist: Geht es auch anders? – Es geht anders, wie ein Blick auf andere Länder zeigt (siehe Kapitel 7), und es muß künftig alles schneller und rationeller funktionieren, wenn die Bauwirtschaft nicht von den anderen Ländern im Preis und in der Bauzeit überholt werden will.

5. Die Vermietung *heute*

Ist das Bauwerk unter großen Schwierigkeiten schließlich erstellt (auf die Baumängel und deren Beseitigung soll hier nicht weiter eingegangen werden), steht der Selbstbezug oder die Vermietung an.

Negativimage des Vermieters

Auf dem freien Wohnungsmarkt ist das Image des Vermieters so schlecht wie nie zuvor. Er wird in der öffentlichen Meinung als der Gegner, als der Feind des Mieters und als profitgieriger Kapitalist, der eine zu hohe Miete verlangt und den Mieter schikaniert, dargestellt. Mit diesem Negativimage wollen vor allem professionelle Investoren, also Gesellschaften, nichts zu tun haben und sie haben sich in der Tat fast vollständig aus dem Wohnungsmarkt verabschiedet, d.h. ihre Wohnhäuser verkauft. Sie wollen auch nichts mehr mit Wohnungen zu tun haben und werden deshalb wohl auch keine Mietwohnungen mehr bauen. Auch andere Firmen, die früher Wohnungen (zum Beispiel Werkswohnungen) gebaut haben, winken ab. Vermieter zu sein ist „out". – Woran liegt das?

Vermietung ist „out"

Die Gründe sind vielfältig und vielschichtig und soweit sie nicht auf persönliche Einstellungen beruhen, dürften wohl die nachfolgenden Punkte den sachlichen Kern treffen:

- die veränderte Mieterstruktur
- die für Vermieter unzumutbaren Mietengesetze
- die fehlende Rendite in bezug auf den Aufwand.

Wir befinden uns bei der Vermietung (nach dem Bauen) in der zweiten Phase einer Immobilie, in der sogenannten Bestands- und Verwaltungsphase, und sie beeinflußt aufgrund der Langfristigkeit entscheidend die Bauphase 1; denn jeder Investor wird vor seinem Engagement auch an die „Zeit danach", also an Vermietung, Mietrecht und Verwaltung denken.

Die veränderte Mieterstruktur

Wie schon im zweiten Kapitel dargelegt, ist zwischenzeitlich ein wesentlicher Wertewandel beim Mieter in der Einstellung zu seiner Wohnung eingetreten. Dieser Wertewandel, daß die Wohnung nicht mehr als das „Lebensglück" angesehen wird, hat Folgen für Vermieter in vielfältiger Weise.

Dauermietverhältnis: abnehmende Tendenz

Der frühere „klassische" Mietsuchende waren: Vater, Mutter, Kind. Dieser Mietertyp taucht, das werden Vermieter bestätigen können kaum mehr auf. Heute sind die üblichen Wohnungsnachfrager Zusammenlebende aller Art, mit und ohne Haustier. Dies sind die äußeren Anzeichen. Nachdem nämlich die lebenslange Ehe immer seltener und durch den/die „Lebensabschnittsgefährten(in) ersetzt wird, hat auch die „lebenslange Wohnung," also das sogenannte Dauermietverhältnis eine abnehmende Tendenz.

Beispiel:

Alltag einer Haus- und Wohnungsverwaltung

Ein Paar, ER und SIE, mieten gemeinsam eine Wohnung und schließen gemeinsam einen Mietvertrag. Nach einiger Zeit gibt es Meinungsverschiedenheiten und ER zieht noch am selben Tag aus der Wohnung mit unbekannter Adresse aus. Nach einer gewissen Zeit zieht bei IHR ein anderer Freund oder „Lebensabschnittsgefährte“ ein. Beide wohnen nunmehr in dieser Wohnung. Nach einer gewissen Zeit will SIE nicht mehr mit IHM und zieht aus. IHM gefällt die Wohnung und er bleibt. Bald findet er eine andere Lebensabschnittsgefährtin und nun wohnen sie beide in der Wohnung.

Wenn nun noch keine Miete gezahlt und die Wohnung vernachläßigt wird, summiert sich ein solches Verhalten für den Vermieter in kurzer Zeit auf Kosten von 10 000,– DM und mehr (Mietausfall und Wiederherrichtung der Wohnung). Möglicherweise muß er auch einen Anwalt und das Gericht bemühen, was den Zeitaufwand und die Kosten weiter erhöht. Von „Rendite“ kann jedenfalls für diese Wohnung lange Jahre keine Rede sein.

Hoher Verwaltungsaufwand durch Mietengesetze

Jede Wohnungsverwaltung wird bestätigen können, daß dieser obige Fall schon mehrfach vorgekommen ist und sich diese Art von Fällen häuft, nämlich: Auf der Mieterseite wechseln die Personen schneller „als man Unterhemden wechselt“, und niemanden von der Mieterseite interessiert der abgeschlossene Mietvertrag! Den Mieter interessiert nur „sein Recht“. Das Rechtsverständnis, einen Vertrag geschlossen zu haben, der neben den Rechten auch Pflichten beinhaltet, nimmt ständig ab. Ein Außenstehender kann kaum nachvollziehen, wieviel Verwaltungsaufwand dieses obige Beispiel verursacht in bezug auf: Mietezahlung, Kautionsumschreibung, Schäden im Treppenhaus durch Ein- und Auszug, Vertragsänderung durch Mieterwechsel usw. Außerdem wird eine Wohnung bei häufigem Wechsel wesentlich mehr beansprucht und abgewohnt als bei einem Dauermieter. Ergebnis: Die veränderte Mieterstruktur löst in der Verwaltung von Immobilien einen zunehmenden Verwaltungsaufwand aus, der durch die aktuellen Mietengesetze weiter aufgebläht wird.

Beispiel: Verwaltungsaufwand im Zusammenhang mit der Verzinsung der Kaution

Eine normale Kaution, die, aufgrund der maximal dreifachen Monatsmiete vielleicht zwischen 2000,– DM und 5000,– DM liegt, beansprucht folgende Tätigkeiten bei einer Bank: Anlage eines Sparbuchs, Zinsabschlagsteuer, Verpfändungserklärung, jährliche Zinsgutschrift, Verwahrung des Sparbuchs, Abrechnung der Kaution bei Auszug.

Dazu ein Beispiel aus früherer Zeit: Nach dem Krieg mußten Mieter einer Sozialwohnung teilweise unverzinsliche Mieterdarlehen stellen, die, auf die heutige Zeit umgerechnet, bei etwa 10 000,– bis 15 000,– DM pro Mietpartei lagen. Hierzu wurde einmalig ein Darlehensvertrag abgeschlossen und der Mieter erhielt jährlich den anteiligen Tilgungsbetrag seines Darlehens ausbezahlt. Das war alles.

Unzumutbare Mietgesetze für Vermieter

Mietengesetze sollten ausgewogen sein

Ehemals war das Mietverhältnis im Bürgerlichen Gesetzbuch (BGB) als „Waage“ konzipiert. § 535 (Wesen des Mietvertrages) sagt: „Durch den Mietvertrag wird der Vermieter verpflichtet, dem Mieter den Gebrauch der gemieteten Sache während der Mietzeit zu gewähren. Der Mieter ist verpflichtet, dem Vermieter den vereinbarten Mietzins zu entrichten.“

Von diesem Prinzip der Waage ist der Gesetzgeber seit den 70er Jahren konsequent zu Lasten der Vermieter abgewichen. Statt Marktwirtschaft einzuführen, wurden die Miethöhen begrenzt und Beschränkungen eingeführt. Man argumentierte, der Mieter und seine Familie sei der wirtschaftlich Schwächere und müsse geschützt werden. Die Änderung der Gesellschaftsstruktur gemäß Kapitel 2 hat in das Mietrecht noch keinen Eingang gefunden, es geht noch immer von der „Familie“ aus und entwickelt diesen Gedanken weiter, obwohl die Gegebenheiten anders sind.

Für den Vermieter sind drei Vorschriften von herausragender Bedeutung, nämlich seine „Duldungspflicht“ , mögliche Kündigungsgründe und die zulässige Miethöhe.

Die „Duldungspflicht“

Duldungspflicht ärgert Vermieter

Den Vermieter ärgert es, wenn Mieter machen dürfen, was sie wollen, und der Vermieter zuschauen muß. Zum Beispiel kann – entsprechend Gerichtsurteilen –

- ein korpulenter Mieter auch gegen den Willen des Vermieters eine Dusche installieren, wie in einem Fall, in dem eine Mieterin wegen ihrer beträchtlichen Körperfülle nicht mehr in der Lage war, die Badewanne zu benutzen.
- ein Mieter, weil ihm im Badezimmer die Fliesen, die ihm nicht mehr gefallen, auch ohne Genehmigung des Vermieters das Bad neu fliesen.
- ein Mieter trotz eines funktionsfähigen Gasanschlusses seinen Gasherd mit einer handelsüblichen Propangasflasche betreiben.
- in einer Wohngemeinschaft (WG) ein Mitglied ausscheiden und ein neues Mitglied in die WG eintreten, ohne daß es der Zustimmung des Vermieters bedarf.

Mietminderungsrecht des Mieters

Diese Aufzählung ließe sich seitenlang fortsetzen. Diese Duldungspflicht wird durch das Mietminderungsrecht des Mieters weiter verstärkt. So kann der Mieter die Miete auch dann mindern, wenn die Störung vom Nachbarn oder der „Öffentlichkeit“ (Verkehrsumleitung, U-Bahnbau usw.) ausgeht, auf die der Vermieter keinen Einfluß hat.

Diese Duldungspflicht des Vermieters ist die eine Seite der Waage. Welche adäquaten Pflichten des Mieters stehen auf der anderen Seite?

Vertragliche Mieterpflichten sind Makulatur

Die früher gewesene „Genehmigungspflicht“ für Aktivitäten des Mieters stehen vielfach nur mehr auf dem Papier und sind durch die Richterpraxis weitgehend aufgehoben. Dieser Umstand wäre für Vermieter leichter hinzunehmen, wenn es sich um Dauermietverhältnisse handeln würde, und der Mieter eine zusätzliche Sicherheit hinterlegen müßte. Wenn nun aber der Mieter schneller die Wohnung wechselt und jeder Mieter, wie am obigen Beispiel, neu nach seinem Geschmack das Bad fliesen darf, türmen sich für Vermieter Kosten und Verwaltungsprobleme in einem unzumutbaren Maße auf.

Kündigungsgründe bzw. Kündigungsschutz

Der Mieter ist zu ehrlichen Auskünften nicht verpflichtet

Um den Kündigungsschutz zu verdeutlichen, muß man sich den Vorgang der Vermietung vor Augen halten: Eine Wohnung wird frei, und aufgrund von Anzeigen und/oder Makleraktivitäten treten Mietinteressenten auf. Der Mietinteressent ist rechtlich nicht verpflichtet, Auskunft über sich zu geben. Wohl ist es bei professionellen Vermietern üblich, dem Interessenten ein sogenanntes „Selbstauskunftsformular" vorzulegen, Privatvermieter denken oft nicht daran. Auch muß der Mietinteressent nicht in allen Punkten die Wahrheit sagen (aufschreiben), in die Privatsphäre gehende Fragen sind sowieso nicht erlaubt.

Vom Vermieter wird erwartet, daß er sich binnen weniger Minuten des Kennenlernens für einen Mieter entscheidet und einen unter Umständen langjährigen Vertragspartner akzeptiert, der nicht einmal verpflichtet ist, mehr als den Namen über sich auszusagen. Auf geschäftlicher Basis würde er sich sicher nicht so schnell für einen langjährigen Vertragspartner entscheiden, zumindest Auskünfte einholen und die Wahrheit der Aussagen überprüfen.

Ein Vergleich zu den USA: Dort muß ein Mietinteressent eine regelrechte Vermögensaufstellung vorlegen, in der alle seine Kosten und Zahlungen einschließlich Telefon, Kreditkartenzahlungen, Versicherungen, Kfz-Kosten, Lebenshaltungskosten und sonstigen Verbindlichkeiten im Detail anzugeben sind. Unter dem Strich muß dann noch ein Betrag in Höhe der Miete übrigbleiben. Daß alle diese Angaben überprüft werden, ist selbstverständlich.

Hat sich nun ein Vermieter für einen Mieter entschieden, wird er ihn bei auftretenden Schwierigkeiten kaum mehr los, während der Mieter, zumindest bei unbefristeten Mietverträgen, jederzeit ohne Begründung kündigen kann. Damit soll nun keineswegs „der Mieter" global negativ hingestellt werden. Ein Sprichwort der Verwalter sagt: 90 % der Mieter sind in Ordnung, 5 % verursachen laufende Verwaltungsarbeiten und weitere 5 % machen richtig Ärger.

Kündigungsgründe

Grundsätzlich wird jeder Vermieter gegen einen Kündigungsschutz nichts einzuwenden haben. Die Gründe, wann ein Vermieter kündigen kann, sind jedoch durch die Rechtsprechung sehr eingeschränkt worden. Allgemein bekannt sind die Kündigungsgründe:

- bei Nichtzahlung der Miete ab zwei Monatsmieten
- bei Eigenbedarf
- zur wirtschaftlichen Verwertung der Immobilie

Nachweis eines „berechtigten Interesses"

Wohl jedem Vermieter ist bekannt, daß er das Mietverhältnis aufgrund der sogenannten „Sozialklausel" nur kündigen kann, wenn er ein „berechtigtes Interesse" nachweisen kann. Dieses berechtigte Interesse wurde gerade in letzter Zeit durch die Gerichte folgendermaßen interpretiert: Zum Beispiel kann keine fristlose Kündigung ausgesprochen werden, wenn

- vom Mieter zwei briefbogengroße Aushänge mit nicht ernstzunehmenden Politvokabular in den straßenseitigen Fenstern einer Wohnung, die von einer Wohngemeinschaft gemietet wurde, angebracht werden
- Fensteröffnungen durch den Mieter zugemauert werden
- der Mieter einer Nebentätigkeit nachgeht und dabei mit Benzin und brennbaren Flüssigkeiten in der Wohnung hantiert, auch wenn der Mieter zum Randalieren neigt
- eine 15jährige Tochter hüpft, springt, stampft und laute Musik macht (denn dies sei ein normales Wohnverhalten in einem Mehrfamilienhaus)
- der Mieter im Garten und in der Mietwohnung Canabis (Marihuana) anbaut
- ein Mieter den Vermieter „Arschloch", „Drecksau" bezeichnet und ihn auf das Götz-Zitat verweist

- der Mieter trotz ausdrücklichen Hinweises des Handwerkers während der Reparatur eines offenliegenden Abflußrohres das WC benützt, so daß der Handwerker übergossen wurde
- der Vermieter vom Hund gebissen wurde.[27]

Auch diese Aufzählungen ließen sich seitenlang fortsetzen, denn die Rechtsprechung unserer Gerichte hat jegliche nicht gesetzlich geregelten Details durch Urteile und Leitsätze (Rechtsentscheide) definiert, und es gibt inzwischen wohl keinen mietrechtlichen Bereich, für den man nicht, je nach Mieter- oder Vermietersicht, positive wie negative Entscheidungen findet.

Fehlende Rendite

Fünf Kostenfaktoren bestimmen den Immobilienpreis

Allgemein sind die meisten Menschen bereit, Einschränkungen hinzunehmen, wenn auf der anderen Seite „etwas dabei herauskommt". Eine Frage drängt sich deshalb besonders auf: Wie werden die oben geschilderten Einschränkungen eines Investors/Vermieters belohnt? Dazu muß man rückblickend folgende Rechnung aufstellen, denn der Preis einer Immobilie besteht letztlich aus fünf unterschiedlichen Kostenfaktoren:

Kostenfaktor 1: Grundstücksbeschaffung

Durch die Umwidmung zum Bauland steigt, wie ausgeführt, der Grundstückspreis erheblich an. Ein Investor kann also ein Baugrundstück nur erhalten/beschaffen, wenn er den verlangten hohen Grundstückspreis bietet.

Kostenfaktor 2: Die Baukosten

Ein Grundstück zu bebauen, kostet heute einige Tausend DM pro Quadratmeter Wohn- bzw. Nutzfläche. Hinzu kommt der gesamte technische Aufwand von der Planung, Ausschreibung und Vergabe der Handwerkerleistungen, vom Rohbau, Ausbau bis zur Fertigstellung eines Gebäudes einschließlich Mängelbeseitigung.

Kostenfaktor 3: Schaffung der zum Grundstück gehörenden Infrastruktur

Darunter zu verstehen sind Einrichtungen, die im allgemeinen Aufgabe der Kommune sind, aber direkt oder indirekt auf den Eigentümer umgelegt werden wie zum Beispiel: Straßenbau, Wasser- und Entwässerungsleitungen, Stromleitungen, Gehsteige, Kindergarten, Schule, Anschluß an öffentliche Verkehrsmittel usw.

Kostenfaktor 4: Bewirtschaftung und Instandhaltung

Ist ein Gebäude erstellt, fallen entsprechende Bewirtschaftungs- und Instandhaltungskosten an. Dabei handelt es sich z. B. um Kapitalkosten (Zins und Tilgung aus der Finanzierung), Wasser-, Strom-, Entwässerungs-, Müll-, Pflege-, Verwaltungs- und Instandhaltungskosten. Eine alte Faustregel besagt, daß alleine die Instandhaltungskosten während der Lebensdauer einer Immobilie etwa das 15fache der Erstellungskosten betragen.

Kostenfaktor 5: Instandsetzung und Wertverbesserungen

Mit zunehmendem Alter eines Gebäudes fallen neben den laufenden Instandhaltungskosten, die auf dem Verschleiß beruhen, zusätzlich Instandsetzungskosten für Reparaturen an „Dach und Fach" an, z. B. eine neue Dacheindeckung, Außenfassade, Putzschädenbeseitigung usw. Auch sind vorhandene Einrichtungen wie die Badewanne oder Kücheneinrichtung noch funktionell in Ordnung, aber nicht mehr neuzeitlich. Dieser, der Mode unterworfener oder technisch bedingter Austausch im Sinne einer wertverbessernden Maßnahme ist ebenfalls sehr kostenaufwendig.[28]

Diese fünf Kostenpositionen müssen durch die Miete getragen werden

Zum Verleich: Preise für Eigentumswohnungen

Preise für Eigentumswohnungen[29]

Ort	Mittlerer Wohnwert, bezugsfrei, ca. 70 m^2, 3 Zi. (in DM/m^2)
Berlin/West	3200
Bonn	3250
Braunschweig	2400
Bremen	2300
Bremerhaven	1900
Dortmund	2700
Dresden	4200
Düsseldorf	4400
Eisenach	3600
Elmshoor	2700
Erfurt	4000
Essen	2800
Flensburg	2100
Frankfurt am Main	4200
Freiburg	3500
Gera	3600
Hamburg	3600
Hannover	2520
Heidelberg	3800
Jena	3000
Kaiserslautern	2200
Karlsruhe	3000
Kiel	2700
Köln	3800
Leipzig	2500
Lübeck	2600
Magdeburg	3100
Mainz	2800
Mannheim	3000
Meinigen	3720
München	4190
Nürnberg	2550
Oldenburg	2300
Rostock	3200
Saarbrücken	2200
Schwerin	3000
Stuttgart	3400
Weimar	3500
Wiesbaden	4000

© Immobilienzeitung; Quelle: RDM

Diesen Kaufpreisen von z. B. durchschnittlich 3000,– DM pro m^2/Wohnfläche steht eine Netto-kalt-Miete von durchschnittlich 15,– DM pro m^2/Wohnfläche gegenüber, das entspricht einem Faktor von 5 %. Aktuelle Zinsen über 5 % führen also bereits zu einem negativem Ergebnis. Man muß nicht viel rechnen, um zu sehen, daß der Kostenseite keine annähernd gleiche Einnahmen-Seite gegenübersteht. Zur Rücklagenbildung für Instandhaltung und Wertverbessserungen sind keinerlei Vorsorgemaßnahmen möglich.

Der Miete stehen somit erhebliche Kosten gegenüber …

Ferner kann der Vermieter seine Miete nicht frei kalkulieren, denn den obersten Rahmen bildet letztlich stets die sogenannte ortsübliche Miete, über die er nicht wesentlich hinaus kann.

Aus rechtlichen Gründen: weil die ortsüblichen Mieten, in Großstädten festgelegt durch die Mietspiegel, in der Regel weit unterhalb angesiedelt sind und das Überschreiten der Mietspiegelmiete um mehr als 20 % in der Regel unzulässig ist.

… aber der Vermieter muß eine Mietobergrenze beachten

Aus gesellschaftlichen Gründen: weil eine „hohe Miete" gesellschaftlich, wie eingangs erwähnt, als „unmoralisch und wucherhaft" empfunden wird.

In bezug auf die zulässige „ortsübliche Miete" ist der Vermieter von Dritten abhängig. Andere, nämlich die Kommune, der Hausbesitzerverein und der Mieterverein, ggf. auch ein beauftragtes Institut legen die Mieten im Mietspiegel fest und entscheiden damit über seine zulässige Rendite (bzw. darüber, daß eine solche nicht eintritt). Diese Abhängigkeit von einer Entscheidung, die andere, die seine Immobilie nicht kennen, aber dennoch listenmäßig einstufen, treffen, ist für Vermieter von existenzieller Bedeutung. Das Miethöhegesetz erzwingt einen so tiefgreifenden Einschnitt in das „Leben" der Immobilie, daß existenzielle, wirtschaftliche Grundrechte betroffen sind.

Bisher war ein wesentliches Kaufargument, daß ein sehr hoher Investitions- und Verwaltungsaufwand bei niedriger Verzinsung gegeben ist, und, neben den steuerlichen Vorteilen, zusätzlich Wertsteigerungen eintreten, die dieses Engagement letztlich doch rentabel gestalten (siehe „surfen auf der Meereswelle" in Kapitel 1). Auch dieses Argument wird für die

Bisheriges Kaufargument: Steuervorteile und Wertsteigerungen

Zukunft nicht mehr zu halten sein, wie aus den nachfolgenden Kapiteln ersichtlich ist.

Werden dann noch irgendwo im gesamten Management unvorhergesehene Fehler gemacht werden, rechnet sich eine Immobilie lebenslang nicht mehr.

Immobilien als wirtschaftliches Produkt

4

Wirtschaftliches Produkt

1. Gibt es Immobilien, die Gewinne abwerfen?

Nachdem in den bisherigen Kapiteln an Kritik nicht gespart wurde, soll jetzt folgender Frage nachgegangen werden: Welche Bedingungen müssen zusammenkommen, damit Immobilien renditestark und gewinnbringend sind?

Immobilien: ein besonderes Produkt

Immobilien sind ein sogenanntes hochpreisiges, in den meisten Fällen ein selten gekauftes Produkt, und bei solchen Produkten sucht der Kaufinteresserent zunächst möglichst neutrale, d. h. nicht vom Verkäufer beeinflußte Fachinformationen.

In diesem Kapitel werden diese Informationen geliefert. Aus der Sicht des Immobilien-Anlegers sollen die Prinzipien von Immobilien dargestellt werden, um darauf aufbauend darzulegen, ob sich diese Grundlagen in Zukunft verändern werden.

2. Soziale und moralische Schranken in der Immobilienwirtschaft

Existenzielle Bedeutung einer Wohnung

Jeder, der sich mit Immobilien befaßt, braucht, und dies dürfte aus den bisherigen Ausführungen deutlich geworden sein, eine sensible Einstellung zu Besitz und Eigentum. Immobilien sind, obwohl sie gehandelt werden können, keine Handelsware im üblichen Sinne, jedenfalls nicht vergleichbar mit Konsumprodukten. Während man letztere vermarkten kann, ist dies bei Immobilien anders, da eine Immobilie immer im Zusammenhang mit Menschen und deren Interessen steht. Dies gilt insbesondere für die Wohnung. Obwohl sie in der Wertestellung nach unten gerutscht ist, ist sie für die meisten Menschen noch immer von existenzieller Bedeutung, vergleichbar mit dem Herz. Vom Herzen strömt das Blut aus und kehrt zum Herzen wieder zurück, und mit einem kranken Herzen hat der Mensch größte Lebensprobleme. Ähnlich ist es mit einer Wohnung. Von dort zieht der Mensch aus, um seinen Tätigkeiten nachzugehen und kehrt wieder in die Wohnung zurück; dorthin möchte er sich zurückziehen können.

Die Sicherheit ist wichtig

Wohnimmobilien verkörpern deshalb den Gedanken der Sicherheit, nämlich der Sicherheit, ein „Dach über dem Kopf“ zu haben, irgendwo hinzugehören und dort mit dem/der Lebenspartner(in) das Zentrum des eigenen Lebens zu bilden.

Mieter, die per Gerichtsvollzieher aus der Wohnung geräumt werden, sind meist anschließend menschlich entwurzelt; andererseits kann man einen Mieter, der keine Miete bezahlt oder nicht in die Hausgemeinschaft paßt, nicht in der Wohnung wohnen lassen. Hier zeigt sich, als nur eines von vielen Beispielen die Sensiblität, die erforderlich ist, um mit Immobilien erfolgreich umgehen zu können.

Jeder Investor erfüllt somit mit jeder Wohnung auch eine soziale Aufgabe, die ihm, das sollte ihm klar sein, von niemandem gedankt wird. Die Schwierigkeit liegt darin, das Wort „sozial“ nicht mit „kostenlos“ zu assoziieren. Soziale Aufgabe und Rendite schließen im Prinzip einander nicht aus, sie erfordern jedoch einen anderen Umgang.

Immobilien erfüllen menschliche Grundbedürfnisse

Es ist aber nicht nur das Wohnen, das Sensibiltät erfordert, denn es werden durch Immobilien noch weitere, ja nahezu alle wichtigen Grundbedürfnisse des Menschen, wenngleich in unterschiedlicher Stärke, Häufigkeit und Intensität berührt oder beeinflußt, denn das Wohnungs- und Immobilienwesen hat sehr viel mit Psychologie zu tun. Man sehe sich nur einige Bank- oder Versicherungsgebäude an! Das ist nichts anderes als „in Stein gebautes Prestige“. Und durch Immobilien werden noch viele weitere psychologische Grundbedürfnisse berührt, zum Beispiel die Bequemlichkeit, die Neugier usw.

Da Immobilien mit Menschen und deren Zielen zu tun haben, stehen sie immer im Blickpunkt der Öffentlichkeit. Je bedeutsamer das Grundstück, desto mehr gilt dieser Grundsatz. Dabei ist unter Öffentlichkeit nicht nur die Presse zu verstehen, dazu gehören auch die Verbände, Lobbyisten, Vereine usw. Sie alle beobachten, was auf dem Immobilienmarkt vor sich geht. Nehmen Sie zum Beispiel an, ein Laden wird frei. Man wird genau beobachten, was nun vorgeht. Wer wird neuer Mieter? Vielleicht ein Sexshop? Sofort würde die oben zitierte Öffentlichkeit an die Bauordnungsbehörde herantreten, ob denn dieser Sexshop an dieser Stelle genehmigt sei?

Nicht nur Wohnimmobilien erfordern viel Sensibilität, sondern auch gewerbliche Objekte unterliegen einer Art „öffentlicher Aufsicht“ dahingehend, ob die Vorstellungen dieser Öffentlichkeit mit den Vorstellungen des Eigentümers harmonieren.

3. Immobilien-Kreislauf: Bau-, Bestands- und Verwaltungsphase

Immobilienkreislauf: anders als bei Konsumprodukten

Der Kreislauf einer Immobilie, von der Planung der Neubauimmobilie bis Abriß, vollzieht sich nicht wie der Kreislauf üblicher Produkte. Ein Auto zum Beispiel wird geplant, produziert, werbemäßig auf den Markt gebracht, benutzt und recycelt.

Der Ausgangspunkt einer jeden Immobilie ist ein Grundstück. Es wird nicht produziert und nicht recycelt, es besteht immer. Deshalb ist die Frage berechtigt: Ist ein Grundstück überhaupt ein Produkt? Grundstücke sind ja sehr verschieden. Die Palette reicht vom „Grundstück in der Natur“ bis zum innerstädtischen Citygrundstück. Ein Naturgrundstück wird man sicher nicht als „Produkt“ bezeichnen, obwohl es auch wie ein Produkt verkauft, vererbt, verschenkt und gehandelt werden kann. Unstreitig aber dürfte sein, daß ein Grundstück, sobald es bebaut ist, zum Produkt avanciert. – Eine Neubauimmobilie entsteht in zwei Phasen:

Phase 1: Bauphase einer Immobilie

Projektentwicklung, Finanzierung, Liquidität

Diese Phase beginnt mit den ersten Überlegungen zur Bebauung und endet bei Bezugsfertigkeit der Immmobilie. In der Phase 1 geht es um Grundstücke und Grundstücksangebote, Projektentwicklung, Bauhandwerkskosten der verschiedenen Bauhandwerker, Finanzierung und Liquidität. Es geht in rechtlicher Hinsicht um das Bauplanungs- und Bauordnungsrecht, Bauleistungsausschreibungen, Gewährleistungen in Bauverträgen usw. In diese Phase gehörten bisher auch die meisten Steuervorteile. Diese Phase dauert etwa zwei bis drei Jahre bis zur Bezugsfertigkeit.

Phase 2: Bestands- oder Verwaltungsphase

Hausverwaltung, Instandhaltung, Wertverbesserung

Ab der Phase 2 werden völlig andere Dinge wichtig, zum Beispiel Miete und Mietvertrag, Vermietung, Hausverwaltungsangelegenheiten, Instandhaltung und Instandsetzung, Wertverbesserungen usw. Diese zweite Phase dauert 100 Jahre und mehr – nämlich bis zum Abbruch des Gebäudes. In dieser Phase sind die Mietgesetze die wichtigsten Vorschriften.

Beide Phasen könnte man sich wie eine Filterzigarette vorstellen. Phase 1 ist der (kurze) Filter, Phase 2: Tabak und Zigarette. Beide, Filter und Tabak, sind sehr unterschiedlich und gehören doch zusammen. In ähnlicher Weise verhält es sich auch bei Immobilien.

Beide Phasen sind sehr unterschiedlich, sowohl in den gesetzlichen wie auch in den ökonomischen Bedingungen, dennoch gehören sie zusammen, denn die Bedingungen des Bauens, also inbesondere die Höhe der Baukosten und die Kosten der Finanzierung, greifen über in die Phase 2 und bestimmen dort den Erfolg der Immobilieninvestition.

Wer also in der Phase 1 zu hoch (zu teuer) einsteigt, kann in der Phase 2 kaum mehr zum wirtschaftlichen Erfolg kommen.

In der Phase 1 ist das maßgebliche Gesetz, wie schon ausgeführt, das Baugesetzbuch, das durch die jeweiligen Landesbauordnungen und diverse Verordnungen ergänzt wird. Dort ist das „Wo“ und „Wie“ gebaut werden darf, bis in alle Einzelheiten geregelt, und die Bauordnungsbehörde ist für die exakte Kontrolle der Ausführung zuständig. Den Bauherrn ausgenommen, ist heute keiner der Beteiligten ernsthaft an niedrigen Preisen (kostengünstigem Bauen) interessiert.

Ab jetzt gilt für mindestens 100 Jahre das Mietrecht

Ist ein Gebäude fertiggestellt und zur Vermietung vorgesehen, legt das Mietrecht dem Vermieter viele Pflichten auf. Aufgrund der engen Kündigungsmöglichkeiten hat der Mieter eine Art „Besitzstand“ an der Wohnung, und die Miethöhe ist rechtlich und durch die Marktsituation nach oben begrenzt.

4. Die Lage einer Immobilie

Um zum Bauen zu kommen, bedarf es zunächst eines Grundstücks. Damit tritt der künftige Bauherr in den sogenannten Grundstücksmarkt ein, einem „Markt der Monopole“, denn jedes Grundstück ist ein Unikat. Ähnlich wie ein Käufer einer Antiquität diese wohl nicht vom Papier weg, sondern nur nach ausführlicher Besichtigung, unter Umständen unter Hinzuziehung eines Experten, kaufen würde, so ist auch die Immobilie ein Unikat, das nur nach einer ausgiebigen, persönlichen Besichtigung gekauft werden sollte. Nur durch die eigene Inaugenscheinnahme ist es möglich, sich ein Werturteil zu schaffen und eine Beziehung zur Immobilie aufzubauen.

Wichtige Schritte, die zum Grundstück führen

Ein nächster wichtiger Schritt ist die Einsichtnahme in die kommunale Planung (Flächennutzungsplan bzw. Bebauungsplan), um zu sehen, für welche Nutzung dieses Grundstück aus Sicht der Kommune vorgesehen ist. Falls eine Bebauung möglich ist, sagt der Bebauungsplan die Einzelheiten hierzu aus. Ferner ist zu sehen, welche umgebende Bebauung und Nutzung, wie Straßen, Müllanlagen, Flugplätze, Kläranlagen, Sportplätze usw., bis auf weiteres vorgesehen sind.

Wieviel ist ein Grundstück wert?

Auskünfte über übliche Preise bei Kommune bzw. Landratsamt

Aussagen dazu gibt der sogenannte Gutachterausschuß, der bei der Kommune bzw. beim Landratsamt geführt wird. Jeder Kaufvertrag wird dort in bezug auf den Kaufpreis ausgewertet, und aus dieser öffentlichen Kaufpreissammlung kann jedermann Auskünfte über übliche Grundstückspreise erhalten.

Wichtig:

Selbstverständlich wird jeder Interessierte auch die Immobilienanzeigen in der Tageszeitung studieren und bei Immobilienmaklern anfragen, ob ähnliche Grundstücke und zu welchen Preisen angeboten werden.

Aus der Summe dieser Informationen kann jeder innerhalb kurzer Zeit wertvolle Informationen über Grundstückspreise sammeln und zumindest zu Preisen innerhalb einer gewissen Spanne kommen. Man wird auch sehr schnell zur Erkenntnis kommen, daß es für Grundstücke selten absolute Preise gibt. Der endgültige Grundstückspreis ergibt sich meistens erst aus der aktuellen Angebots- und Nachfragesituation.

Die Lage-Theorie

Die Analyse der Lage bestimmt einen Großteil des Erfolgs

Das Wichtigste an einer Immobilie, so ist von vielen Fachleuten zu hören, ist die Lage. Die Lage wird oft, in Anlehnung an die Finanzierungsrangfolge im Grundbuch, bezeichnet als I.a Lage oder als „1. Lage", I.b. Lage usw., wobei zu beachten ist: Die Lage bezieht sich stets auf die Nutzung/Branche, man kann (und soll) sie nicht pauschalieren.

Wichtig:

Der Wert einer Immobilie ergibt sich aus der Lage und der Nutzung eines Grundstücks, beide gehören zusammen. Es gibt auch keine „schlechte Lage". Die Lage kann nichts dafür. Meistens ist es die Nutzung, die nicht zu dieser Lage paßt.

Beispiel:

Ein Wohnhaus an der Schnellstraße ist sicher nicht die richtige Lage für das Wohnen, aber für ein Bürohaus stört die Schnellstraße kaum. Natürlich kann aber durch nachträgliche Änderungen (eine Schnellstraße wird neu neben einem Wohnhaus gebaut) eine „schlechte Lage" für das Wohnen entstehen.

Vier Lage-Faktoren

Um die Lage herum bestehen eine Menge Einflüsse: Wenn Sie einen Stein in den ruhigen See werfen, lösen Sie dadurch kreisförmige Wellen aus. Genauso bestehen auch verschiedene Einfluß-Kreise um eine Immobilie. Die Lagetheorie besagt, daß jede Immobilie von vier Faktoren beeinflußt wird:

- Der äußere Kreis: das allgemeine Umfeld
- Der nächste Kreis: der regionale Markt
- Der innere Kreis: die lokale Stadtteillage
- Der Mittelpunkt: die unikate Objektlage

Alle vier Einflüsse gehören zusammen, sie haben allerdings unterschiedliche Gewichtungen:

Der äußere Kreis: das allgemeine Umfeld

Landes-Konjunktur und Politik

Zum allgemeinen Umfeld gehören diejenigen Themen, wie sie in den vergangen Kapiteln besprochen wurden: Konjunktur, Politik, Gesetze, gesellschaftliche Veränderungen usw. Alle diese Rahmenbedingungen haben mehr oder weniger starken Einfluß auf die Immobilie. Im allgemeinen (politischen) Umfeld wird gesteuert, ob Investoren „in das Land strömen" oder sich fernhalten, und diese Einflüsse haben unmittelbare Auswirkungen auf Konjunktur, Preise, Arbeitsplätze und den allgemeinen Lebensstandard (Kaufkraft).

Der nächste Kreis: der regionale Markt

Regional-Politik

Immobilienmärkte sind stets regionale Märkte. Selbst wenn gewisse Einflüsse überregionalen Charakter haben, wie die Konjunktur, zeichnet dennoch den Immobilienmarkt der regionale Charakter aus. Im regionalen Markt wirbt die Kommune für Investoren, stellt Flächen bereit oder schafft Verbindungen zwischen Grundstücksbesitzern und Investoren. Auch die Attraktivität der Kommune (Stichwort: Stadtmarketing) entscheidet sich im regionalen Markt und hat unmittelbaren Einfluß auf die Immobilienentwicklung.

Der innere Kreis: die lokale Stadtteillage

Micro-Umfeld

Aus Sicht der Lage hat die Stadtteillage (wobei es sich nicht notwendigerweise um einen „Stadtteil" handeln muß), d. h. die Lage innerhalb der Kommune, eine der größten Bedeutungen. Man wohnt eben gern in Hamburg an der Alster, in Berlin im Grunewald, in München in Grünwald usw., und nicht von ungefähr haben bestimmte Geschäftsstraßen Weltruhm. Beliebte Gegenden haben natürlich auch ihren Preis, aber beliebte Gegenden sind auch in schlechteren Konjunkturzeiten weiterhin mehr gefragt als andere. Aber es muß nicht immer Luxus sein. In den Stadtteilen geht es um „Arbeiten und Wohnen" und in dieser Kombination sind Immobilien gut positioniert. Als (früheres) Beispiel einer interessanten Immobilie mag das Ärztehaus, bestehend aus Apotheke im Erdgeschoß und mehreren

Ärzten in der Nähe einer Bus-, Straßenbahn- oder U-Bahnhaltestelle gelten. Auch Eigentumswohnungen im Stadtteil sind, sofern sie nicht gerade an der Hauptverkehrsstraße liegen, fast immer eine solide Sache.

Der Mittelpunkt: die unikate Objektlage

Konkretes Grundstück

Im Blickpunkt der Lagetheorie steht aber das Grundstück als solches. Die entscheidende Frage für Immobilienentwickler ist: Paßt die vorgesehene Nutzung zu dieser Lage? Jeder Immobilieninvestor sollte sich die gleiche Frage vor dem Kauf stellen und eine Nacht darüber schlafen. An zweiter Stelle stehen dann Fragen des Grundstückszuschnitts, der Himmelsrichtung usw. Sie ergänzen den Eindruck und führen zu einem Gesamtbild.

5. Die Immobilien-Finanzierung

Ist die Prüfung der Lage positiv verlaufen, kann der Investor den nächsten Schritt vornehmen: je nach Situation entweder Bau eines Neubaus bzw. der Beteiligung daran oder Kauf einer bestehenden Immobilie.

Finanzierung: Bonität entscheidend

Die Immobilienwirtschaft baut ja nicht selbst, sondern sie „läßt bauen“ durch die Bauwirtschaft und leistet die hierzu notwendigen Dienstleistungen. Dabei treten die Bauträgerunternehmen als Baubetreuer, Generalunternehmer oder als Immobilienhändler auf, und der Investor wird die verschiedenen Preise miteinander vergleichen. Der entscheidende Punkt einer jeder Immobilientransaktion ist die Finanzierung. Es macht wenig Sinn, sich mit Immobilienangeboten zu befassen, wenn die notwendige Bonität für die Finanzierung fehlt. Immobilien sind aufgrund des Preises nicht für jedermann geeignet. Immobilien waren schon immer „teuer“ in bezug auf das Normaleinkommen von Bürgern, und um sich eine Immobilie kaufen zu können, ist ein bestimmtes Einkommen bzw. Eigenkapital erforderlich.

Nur in Deutschland – nicht aber in anderen Ländern – hängt die Finanzierung eng mit dem Grundbuch zusammen.

Grundbuch: welche Grundpfandrechte werden eingetragen?

Jedes Grundstück in Deutschland, Ost wie West, gehört einem Eigentümer. Es gibt also keine „weißen Flächen" oder Niemandsland, denn das gesamte Staatsgebiet ist vermessen und wird in amtlichen Registern geführt.

In Deutschland wird über das Grundbuch finanziert

Und für Immobilieneigentümer bedeutet Eigentum, im Grundbuch eingetragen zu sein. Nur der/die im Grundbuch eingetragene(n) Eigentümer kann/können das Grundstück veräußern, verschenken, vererben und allerlei Verfügungen treffen. Dabei wirken vor allem zwei Ämter zusammen: das Vermessungsamt und das Grundbuchamt. Beide Ämter bestehen gleichrangig nebeneinander, und Grundstücksveränderungen müssen jeweils in beiden Registern vorgenommen werden.

Wichtig:

Der amtliche Nachweis eines Grundstücks ist in der Form registriert, daß jedes Flurstück im Flur- und Liegenschaftsbuch eingetragen ist. Das „Liegenschaftskataster" hat die Aufgabe, Grundstücke in tatsächlicher Hinsicht zu beschreiben.

Aufbau des Grundbuchs

Grundbuch: aufgebaut wie ein Lexikon

Das Grundbuch ist aufgebaut ähnlich wie ein Lexikon, d. h., es besteht aus mehreren Bänden, und diese Bände und die Seiten (Blätter) sind numeriert. Als vor etwa einhundert Jahren das Grundbuch eingeführt wurde, wurden die Gebiete „Gemarkungen" genannt, so daß jede Gemarkung, je nach Größe, aus vielen Bänden besteht. Jeder Band besteht – wie ein Buch – aus vielen Blättern, dem Grundbuchblatt.

Empfehlung:

Das Grundbuch ist ein öffentliches Register, das eingesehen werden kann, wenn ein „berechtigtes Interesse" zur Einsicht besteht. Selbstverständlich kann der Eigentümer Einsicht nehmen, er kann auch andere Personen per Vollmacht Einsicht nehmen lassen.

Die Grundbuchblätter verzeichnen drei Abteilungen:

- In der Abteilung I sind der/die Eigentümer namentlich aufgeführt.
- In der Abteilung II sind die Rechte, die anderen (Dritten) zustehen, aufgeführt, wie Wegerecht, Leitungsrecht, Vorkaufsrecht usw.
- In der Abteilung III sind die Kredite eingetragen, mit denen dieses Grundstück belastet ist.

Reihenfolge der eingetragenen Kredite = Rangfolge der Rechte

Alle im Zusammenhang mit dem Kauf eines Grundstücks im Rahmen einer Finanzierung aufgenommenen Kredite bzw. Grundpfandrechte werden in Abteilung III des Grundbuchs nacheinander eingetragen. Diese Aufeinanderfolge bestimmt zugleich die Rangfolge der Rechte, d. h., die zuerst eingetragene Hypothek ist also die erste oder erstrangige Hypothek (I.a-Hypothek genannt). Darlehen, die für die Beleihung an zweiter Stelle im Grundbuch eingetragen werden, bezeichnet man als I.b-Hypothek.

Sicherheit steht an erster Stelle

Diese Rangfolge ist im Zusammenhang mit einer Zwangsvollstreckung von Bedeutung. Wird das Grundstück versteigert, und reicht der Erlös nicht für alle Grundpfandgläubiger aus, so wird nach der Rangfolge befriedigt, so daß der letztrangige Grundpfandgläubiger unter Umständen leer ausgehen kann, sofern der Versteigerungserlös unterhalb der fälligen Kredite bleibt. Je höher also die Rangnummer, um so größer ist das mögliche Risiko der kreditgebenden Bank, und um so höher sind deshalb in der Regel die Zinsen (sofern ein Darlehen überhaupt noch gewährt wird).

Finanzierungs-Beispiel

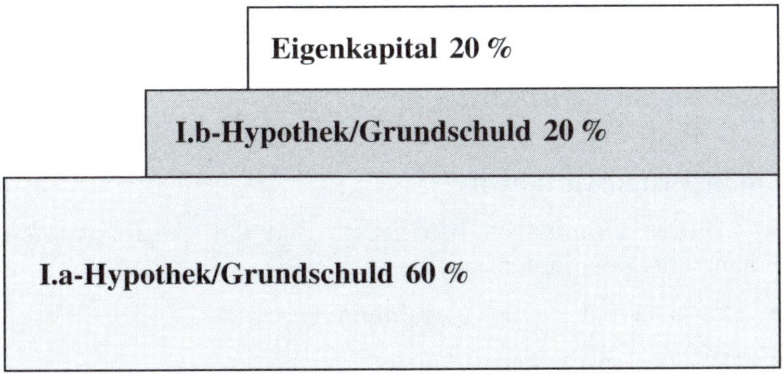

Diese obige Zweiteilung in I.a- und I.b-Hypotheken findet heute nach außen, also gegenüber dem Kunden, kaum mehr statt. Die meisten Banken verkaufen dem Kunden eine Grundschuld als Komplettfinanzierung, die beide Rangfolgen beinhaltet.

Beleihungswert und Beleihungsgrenze

Kritische Beurteilung der Bank: der Beleihungswert

Ein weiterer wichtiger Begriff ist der Beleihungswert. Es handelt sich hierbei um einen von der beleihenden Bank angenommenen Wert der Immobilie. Die einzelnen Kreditinstitute wenden in der Regel eigene Beleihungsrichtlinien an.

Achtung:

Grundsätzlich wichtig zur Immobilien-Finanzierung ist, daß nicht nur der Kaufpreis finanziert wird, sondern daß Kaufpreis und Nebenkosten (Notarkosten, Grunderwerbsteuer, Maklerprovision usw.) die Finanzierungssumme ergeben, um Finanzierungslücken und Nachfinanzierungen zu vermeiden.

Die allgemeine Beleihungsgrenze für sogenannte erststellige Hypotheken liegt, wie beim obigen Beispiel dargestellt, aufgrund des Kreditwesengesetzes bei 60 %. Banken und Sparkassen finanzieren auch darüber hinaus, wenn der Bauherr in der Lage ist, die entsprechend hohe Belastung aus den Erträgen zu tragen. In diesem Fall schreibt das Gesetz eine umfassende Prüfung vor. In der Regel müssen umfangreiche Unterlagen vorgelegt werden.

100 %ige Finanzierung nur bei absoluter Bonität

Aber auch über die 60 % hinausgehende Finanzierungen sind im Immobilienbereich üblich, und die 80 bis 85 %ige Finanzierung liegt im Bereich des normalen Finanzierungsalltags. Lediglich die 100 %ige Finanzierung ist nur im Einzelfall bei absoluter Bonität denkbar.

Finanzierungsvarianten

Auf diesen Grundlagen bauen sich nun die verschiedensten Finanzierungsvarianten auf:

- Darlehen mit 100 % Auszahlung
- Darlehen mit hohem Disagio

- Hypotheken mit Festzins für 5 Jahre, 10 oder 15 Jahre
- Kredittilgung mit Lebensversicherung
- Finanzierung mit Bausparvertrag

Empfehlung:

Es empfielt sich, stets mehrere Bankangebote einzuholen und die verschiedenen Varianten zu vergleichen, denn Banken sind Wirtschaftsunternehmen mit unterschiedlichen Konditionen.

Es entsteht folgende Kette:

Höhe der Baukosten/ des Kaufpreises	+	Aufbau der Finanzierung	=	Kapitaldienst (Zins und Tilgung)

Erst wenn alle Kosten feststehen, kann die Finanzierung geplant werden

An den Folgen hoher Baukosten und/oder dem ungünstigen Aufbau einer Immobilien-Finanzierung hat ein Bauherr rund 28 Jahre zu tragen, denn solange dauert die Rückzahlung von Darlehen bei 1 %iger Tilgung. Alle diese Entscheidungen fallen in der Phase 1, der Bau- und Kaufphase einer Immobilie.

Als nächsten Schritt müssen nun die Besonderheiten verschiedener Immobilienprodukte und die besonderen Gegebenheiten des Käufers bzw. Bauherrn betrachtet werden.

6. Bauherrn-Positionen

Empfehlungen für Bauherren

Für den Investor kommt es entscheidend darauf an, daß er bei der Auswahl seiner Immobilie seine Position als Bauherr bzw. Käufer entschieden vertritt.

Der Bauherr bei Häusern

Häuser gehören zum Vermögen

Einfamilienhäuser aller Art sind Wohnimmobilien, also im Normalfall zum Selbstbewohnen für den Bauherrn und seine Familie bestimmt. Sie sind, von Ausnahmen abgesehen, zum Vermieten wenig geeignet, da meist die Miete in keinem positiven Verhältnis zu den Kosten steht, und die Abhängigkeit des Vermieters von diesem einem Mieter sehr groß ist.

Wichtig:

Da selbstbewohnte Immobilien zwangsläufig keinen Ertrag abgeben, wird auch keine Rendite erzielt. Selbstbewohnte Wohnimmobilien gehören deshalb zum Vermögen. Selbstverständlich kann sich aber dieser Vermögenswert entsprechend der Nachfragesituation erhöhen oder auch senken.

Die Vielfalt von Häusern ist schier unerschöpflich, es kommt im Grundsatz auf zwei Schritte an.

Schritt 1: Planung des Wohnbedarfs

Langfristiger Wohnbedarf ist gründlich zu planen

Hier sollte sich jeder Bauherr oder Käufer viel Zeit lassen und den Bedarf gründlich ermitteln. Immobilien sind eine langfristige Angelegenheit, und deshalb sollte auch der langfristige Bedarf im Vordergrund stehen.

Beispiel:

Eine Familie mit zwei Kindern im Alter von zehn und zwölf Jahren kann davon ausgehen, daß nach der heutigen Situation in wenigen Jahren keines der Kinder mehr im Haus wohnt: Ein Kind studiert in der Stadt X, und ein anderes will selbständig sein. Beide ziehen – aus unterschiedlichen Motiven – aus, und die teuer gebauten Zimmer stehen leer.

Der Planung des eigenen Wohnbedarfs kommt heute, mehr als früher, aufgrund der größeren Mobilität eine sehr große Bedeutung zu.

Schritt 2: Berechnung der voraussichtlichen Kosten

Baukosten und Belastung nicht „Schönrechnen"

Steht der Wohnbedarf und die sich ergebende Wohnfläche fest, kann sich jeder aufgrund der üblichen m^2-Preise leicht die voraussichtlichen Kosten errechnen.

Beispiel:

Wohnfläche $100m^2$ x 7000,– DM pro m^2 = 700 000,– DM.

Nach obigem Finanzierungs-Beispiel kann auch leicht überschlägig die finanzielle Belastung berechnet werden. Zu beachten ist, daß zu den Kosten der Finanzierung noch die Kosten der Bewirtschaftung (Wasser, Strom, Instandhaltung usw.) zu rechnen sind.

Nur wenn der Bauherr zum Ergebnis kommt, diese Belastung auch im schlechtesten Fall, d. h. ohne Berücksichtigung von Steuervorteilen, tragen zu können, macht es Sinn, sich mit den weiteren Marktgegebenheiten zu beschäftigen.

Der Bauherr beim Reihenhaus vom Bauträger

Reihenhäuser sind eine zukunftssichere Wohnform

Das Reihenhaus vom Bauträger ist sicherlich noch nicht das gewünschte Superlativ, aber eine interessante Alternative zu anderen Wohnformen. Hier werden und könnten Bauträger noch einiges tun, um es den Bedürfnissen noch besser anzupassen. Es ist mit Sicherheit im städtischen Bereich das Haus mit großen Zukunftsaussichten, da es wenig Grundstücksbedarf und damit auch Grundstücksaufwand (zum Beispiel Rasenmähen) erfordert, und wenn die Maßnahmen des „kostengünstigen Bauens" in die Tat umgesetzt würden, könnte es eine preisgünstige Alternative sein.

Bezüglich der Bezahlung des Kaufpreises schreibt die Makler- und Bauträgerverordnung Ratenzahlungen nach Baufortschritt vor. Diese Ratenzahlungen erfolgen entweder gegen Sicherheitsstellung durch den Bauträger oder, was üblicherweise der Fall ist, gegen Zahlung auf ein gemeinsames Baukonto.

Empfehlung:

Um die Liquidität zu sichern, sollte deshalb der Bauträger einen Zeit- und Zahlungsplan erstellen, aus dem sich ergibt, welche Zahlungsbeträge zu welchem Zeitpunkt für den Bauherrn fällig werden.

Der Bauherr beim Einfamilienhaus vom Architekten

Vier klare Vorgaben an den Architekten

Das individuell gebaute, freistehende Einfamilienhaus läßt sich meist, aufgrund der Grundstücksgröße, nur in Randgemeinden oder in ländlichen Gebieten realisieren. Hier wird meist ein Architekt beauftragt, das Haus zu planen und, im Auftrag des Bauherrn, bauen zu lassen. Es kommt dabei entscheidend auf folgende Punkte an:

- Klare Vorgabe des Wohnbedarfs an den Architekten
- Planung der Einzelheiten des Gebäudes ohne Zeitdruck
- Planung der Ausstattung (Baumaterialien wie Fliesen usw.)
- Kostenschätzung durch den Architekten (sie liegt fast immer zu niedrig) plus Architekten-Honorarvertrag auf Einsparbasis

Honorar für Einsparungen

Diese Regelung „Honorarvertrag auf Einsparbasis" bedeutet, daß der Architekt richtig kalkuliert und für den Fall, daß er – unter Berücksichtigung festgelegter Toleranzen – unter seiner Kostenschätzung bleibt, pro eingesparte Summe einen bestimmten Betrag erhält. Dementsprechend realistisch wird sich ein Architekt verhalten, wenn auch für den umgekehrten Fall Abzüge vom Architektenhonorar fällig werden.

Empfehlung:

Keinesfalls sollte eine Vereinbarung nach HOAI, der Architektenhonorarordnung erfolgen, denn hier handelt es sich um ein Lobbygesetz zugunsten der Architekten. Es steht jedem Bauherrn/Auftraggeber frei, andere Vereinbarungen, wie oben geschildert, zu treffen. Es liegt am Architekten, eine einwandfreie, fachliche Dienstleistung zu erbringen und sich diese angemessen bezahlen zu lassen.

Der Bauherr einer Villa

Villen sind Ausdruck des persönlichen Geschmacks

Die Krönung der Wohnimmobilie ist zweifellos die Villa. Sie dient weniger dem Wohnbedarf, als vielmehr den psychologischen Gegebenheiten von Prestige und Selbstverwirklichung. Daran ist nichts Negatives, es handelt sich bei obigem Satz nur um die Bedürfnisfeststellung.

Über eines sollte sich der Bauherr aber im klaren sein: Je höher der „Grad der Selbstverwirklichung" und damit die Umsetzung des individuellen Geschmacks liegt, um so geringer ist die Wertsteigerung und Wiederverkaufbarkeit. Je indidividueller die Raumaufteilung und die Ausstattung erfolgt, um so geringer ist die Wahrscheinlichkeit, daß im Falle eines Verkaufs (oder der Vererbung) ein Interessent auftritt, der die gleichen Vorstellungen hat.

Beispiel: Hoerst-Castel

In Kalifornien an der Küstenstraße Nr. 1 steht ein Schloß, das sich in den 30er Jahren ein damaliger Zeitungsbaron gebaut hat. Das Eßzimmer ist im romanischen Stil gehalten und sieht aus – und ist auch fast so groß – wie eine romanische Kirche. Jeder Raum des Schlosses ist selbstverständlich riesengroß und individuell gestaltet, eine Besichtigung dauert vier Tage. Damals wurden dort alle Stars der Filmbranche, Politik usw. empfangen, nach seinem Tod wollten es die Erben nicht haben. Heute gehört es dem Staat und ist ein Museum geworden.

Vermögenszuwachs bei selbstbewohnten Häusern und Villen

Häuser und Villen gehören zum Vermögen

Bauherrn und Käufer von selbstbewohnten Häusern und Villen sollten sich darüber im klaren sein, daß es nicht um „Immobilien-Rendite" geht, weil es keinen Ertrag gibt bzw. naturgemäß geben kann. Häuser und Villen gehören zum Vermögen. Und das ist nicht das gleiche (wie Rendite). Adelige besitzen zum Beispiel aus früherer Zeit große „Ländereien", also Grundstücke, meist landwirtschaftlich oder forstwirtschaftlich genutzt und somit ohne wesentlichen Ertrag. Diese Grundstücke gehören zum Vermögen.

Vermögenswert = Lage + Grundstück + Gebäudewert

Der hauptsächliche Vermögenswert bei selbstbewohnten Häusern ergibt sich aus der Lage, dem Grundstück und dem Gebäudewert. Alle Einbauten unterliegen – stärker als bei vermieteten Immobilien – dem Geschmack und der Mode. Und beide wandeln sich mit der Zeit. Je aufwendiger und individueller die Innenausstattung erfolgt, um so mehr unterliegt sie dem Wandel von Mode und Zeit. Da auch das Gebäude bzw. der Gebäudewert einer laufenden Abnutzung unterliegt, liegt der hauptsächliche Vermögenszuwachs im Grundstückswert. Letzterer ergibt sich überwiegend aus der Lage. Bei selbstgenutzten Wohnimmobilien kommt es deshalb vor allem auf das richtige Wohngebiet an.

Der Bauherr einer Eigentumswohnung

Eigentumswohnungen sind weiterhin eine sichere Kapitalanlage ...

Die Eigentumswohnung ist und wird bleiben, was sie ist: eine vielseitige und sichere Kapitalanlage, sofern sie von der Lage her in einer guten Stadtteillage positioniert ist und vom Preis unterhalb des Grenzwertes (siehe Kapitel 1) eingekauft wurde. Der fast noch wichtigere zweite Schritt liegt darin, daß die Eigentumswohnanlage insgesamt von einer fachlich versierten Verwaltung gut „gemanagt" wird (siehe Seite 123 ff.).

Der Bauherr/Käufer einer Eigentumswohnung baut/erwirbt zwei Dinge in Gemeinschaft mit den anderen künftigen Wohnungseigentümern:

- seine künftige Wohnung und
- gleichzeitig das Gemeinschaftseigentum

... wenn die Immobilien-Grundregeln beachtet werden

Da er selbst die Wohnung beziehen möchte, sollte er, vor allem bei älteren Anlagen, neben dem Kauf und der Finanzierung prüfen, wie die gesamte Eigentümergemeinschaft gelagert ist, denn er sitzt künftig mit allen Miteigentümern „im gleichen Boot":

- Jeder haftet für jeden. Ist ein Eigentümer zahlungsunfähig, müssen zunächst alle anderen Eigentümer in Vorlage treten und sehen, wie sie das Geld eintreiben können.

- Ist bei der Eigentümerversammlung die Mehrheit anderer Meinung, gilt der Wunsch der Mehrheit.
- Der Wohnungseigentümer kann sich, anders als im Mietrecht, gegen laute und randalierende Miteigentümer kaum rechtlich wehren.

Wichtig:

Die grundsätzliche Entscheidung für eine Eigentumswohnung bedeutet keinen „Freibrief", sondern erfordert die jeweilige Prüfung jedes einzelnen Angebots.

Der Bauherr bei Rendite-Kapitalanlagen

Rendite setzt einen Ertrag voraus

Sind Immobilien vermietet, tritt der reine Vermögenswert in den Hintergrund und gleichzeitig die Rendite in Blickfeld. Nur bei vermieteten oder verpachteten Immobilien, die einen Ertrag erzielen, kann es um Rendite gehen, weil Rendite einen Ertrag voraussetzt.

Der Bauherr einer zu vermietenden Eigentumswohnung wird von der Immobilienbranche besonders umworben. Dies lag bisher daran, weil bislang auch die meisten Steuervorteile auf die Bauherrneigenschaft und Vermietung ausgelegt waren, und weil man unter Einrechnung bestimmter Steuervorteile dem Investor einreden konnte, er könne eine Immobilie ohne Eigenkapital erwerben. Ob eine solche Rechnung aufgeht bzw. unter welchen Prämissen tatsächlich eine Rendite zu erzielen ist, soll nachfolgend dargestellt werden.

In der Immobilienbranche ist man überzeugt, daß der Investor vor allem zwei Motive hat: die Sicherheit der Investition und das Hereinholen möglichst hoher Steuervorteile. Um beides zu erreichen, wird der Preis der Immobilie in sogenannte harte und weiche Kosten gegliedert, zum Beispiel wie folgt:

Garantien und Gebühren erhöhen den Verkaufspreis

Preisgliederung bei Anlageobjekten
Reine Baukosten
+ Baunebenkosten
+ Zwischenfinanzierungskosten
+ Gewinnmarge des Initiators
+ Vertriebskosten
+ Testatgebühren verschiedener Art
+ Garantiegebühren aller Art
+ Dienstleistungsgebühren
+ sonst. steuerliche Werbungskosten
= Verkaufspreis

Im Detail hat hierzu nahezu jeder Initiator eines solchen Projektes seine eigene Kostenaufteilung bzw. Gliederung. Sie variiert natürlich entsprechend der aktuellen Steuergesetzgebung.

Vier Punkte senken das Investitionsrisiko

Vorsicht ist angebracht, wenn zuviele Sicherheiten angeboten werden. Eines muß dem Bauherrn klar sein: ein Restrisiko besteht immer. Im Prinzip kommt es für den Investor (nur) auf vier Punkte an:

- Die Lage muß stimmen.
- Der Preis sollte innerhalb des Grenzwertes liegen (siehe Kapitel 1).
- Der Preis sollte in Raten nach Baufortschritt entsprechend der Makler- und Bauträgerverordnung bezahlt werden.
- Die Vorvermietung muß erfolgt sein.

Diese Vorvermietung bedeutet, daß bereits zum Zeitpunkt des fortgeschrittenen Rohbaus ein Mieter per Mietvertrag feststeht. Mietrechtlich ist dies kein Problem. Für den Bauträger/Verkäufer kommt es darauf an, sich rechtzeitig nach Mietern umzusehen. Damit zeigt sich bereits in einer sehr frühen Phase, ob das Projekt reell ist, und bei professioneller Vermietung erübrigen sich Mietpreis- und Vermietungsgarantien. Durch die Vermietung liegt der Mietpreis fest, und der Investor kann die in der

Regel vom Verkäufer vorgelegte „Renditeberechnung" leicht überprüfen. Hierzu gelten folgende Eckpunkte:

Eckpunkt 1: Liquiditäts- und Geldflußplan

Liquidität in der Bauphase

In der Bauphase geht es um Liquidität, nämlich darum, die fälligen Handwerkerrechnungen entsprechend der Ausführung zu bezahlen. Aus diesem Grund muß dargelegt sein, woher (mit welchem Kredit) die Bezahlung erfolgt. Da bis zum Erstbezug 95 % der Kosten zu bezahlen sind, muß anhand eines Geldflußplans dargestellt sein, wie diese Kosten tatsächlich bezahlt werden, und welche Darlehenszinsen in dieser Bauzeit anfallen.

Kritisch ist in diesem Fall, wenn bereits hier Steuervorteile eingerechnet werden, die nicht tatsächlich in dieser Zeit fließen. Im Normalfall werden Steuervorteile erst hinterher, nämlich nach Geltendmachung der entsprechenden Aufwendungen an den Investor ausgezahlt werden. Dann dürfen sie auch im Geldflußplan (noch) nicht erscheinen.

Hat dagegen der Bauträger die Steuersachen vorher geregelt, und die Steuervorteile fließen tatsächlich, können sie in diesem Jahr des Geldflusses zur Erhöhung der Liquidität bzw. als „Ersatz von Eigenkapital" angesetzt werden.

Achtung:

Falsch ist, wenn in dieser Bauphase von „Rendite" gesprochen wird, denn es gibt noch keinen Ertrag, die Immobilie befindet sich noch im Bau.

Ein weiterer wichtiger Abschnitt liegt zwischen dem Erstbezug/Erstvermietung und, sofern kurzfristige, zum Beispiel fünfjährige Laufzeiten der Kredite vereinbart sind, dem Auslaufen des (ersten) Kreditvertrages.

Vorsicht: unseriöser Finanzierungstrick

Finanzierung sollte langfristig sein

Ein unseriöser Finanzierungstrick ist die Vereinbarung von Disagio bei fünfjähriger Darlehenslaufzeit, denn in diesem Fall wird der Investor und Kreditnehmer bei Vertragsablauf im fünften Jahr feststellen, daß sein neu benötigter, tatsächlicher

Kreditbetrag höher ist als zu Beginn. Sollten sich zu diesem Zeitpunkt die Zinsen erhöhen, ist die ganze bisherige Rechnung Makulatur. Kurzfristige Darlehensverträge empfehlen sich deshalb nur, wenn kein Disagio vorgesehen ist, in der Bauphase ein hohes Zinsniveau herrscht und mit einem fallendem Zinssatz gerechnet wird.

Eckpunkt 2: Was ist „Rendite"?

Immobilien-Rendite: spezielle Berechnung

Ab dem Erstbezug geht es um „Rendite", und dieser vielstrapazierte Begriff soll nun näher untersucht werden. Eine Immobilien-Rendite besteht aus fünf Komponenten:

- Ertrag
- Bewirtschaftungskosten
- Kreditentschuldung
- Immobilien-Wertveränderung
- Zeitpunkt der Betrachtung

Ertrag-Kosten ≠ Rendite

Alle Komponenten zusammen genommen zeigen, ob Rendite gegeben ist. Diese Rechnung ist keine Bilanz, keine Überschußrechnung (Ertrag ./. Kosten), sondern eine spezielle Rechnung, die sich aus der besonderen Konstellation von Immobilien ergibt.

Der Ertrag

Der Ertrag ist die tatsächlich eingehende Brutto-Miete. Manchmal wird hier mit der Netto-kalt-Miete gerechnet, was aber falsch ist, denn der Mieter kann ja aufgrund eines „falschen" Mietvertrages nicht die vollen Betriebskosten bezahlen müssen, und damit würde das Ergebnis verfälscht.

Die Bewirtschaftungskosten

Instandhaltungskosten: eine Spezialität

Unter dieser Bezeichnung sind alle Kosten zu verstehen, die für Immobilien anfallen, insbesondere Kreditzinsen, Tilgung, Betriebs-, Verwaltungs- und Instandhaltungskosten. Hier werden manchmal die Kosten der II. Berechnungsverordnung angewandt, was aber falsch ist, denn diese Vorschrift ist eine mietrechtliche (für Sozialwohnungen), die für die Berechnung der zulässigen Sozialmiete gilt und deshalb mit Wirtschaftlichkeit nichts zu tun hat. Dies zeigt sich schon am Beispiel der Instandhaltungskosten. Diese sind nach der II. Berechnungsverordnung gesetzlich pauschaliert und nur allgemein an den Kosten ausgerichtet. Tatsächlich hat jede Immobilie – je nach Art mehr oder weniger stark – im Grundsatz folgendes Instandhaltungsverhalten:

Die Instandhaltungsphasen einer Immobilie[30]

Jede Immobilie durchläuft mehrere Instandhaltungsphasen

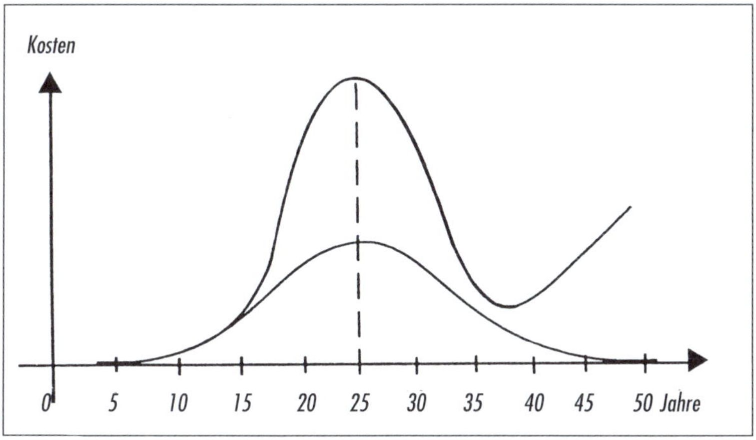

Diese Kostenkurve bedeutet, daß nach dem Neubau in den ersten zehn Jahren kaum Instandhaltungskosten anfallen, aber vom 11. bis ca. 15. Jahr finanziell bemerkbar werden. Vom 15. bis 25. Jahr an steigen die Instandhaltungskosten dramatisch an (je mehr Haustechnik eingebaut ist, um so höher ist die Kostenkurve), denn von Flachdach, Fassade, Treppenhaus, Heizung usw. ist so ziemlich alles verschlissen und muß erneuert werden. Ist diese Phase vorbei, fällt die Kostenkurve nach unten, um wieder von vorne zu beginnen, wenn nämlich die neu eingebaute Haustechnik wiederum verschlissen ist.

Instandhalungsstau in den neuen Ländern

Dieses Instandhaltungsverhalten von Immobilien zum Beispiel war und ist immer noch das Problem in den neuen Ländern: Die Neubausiedlungen (Plattenbauten) wurden überwiegend in den 70er Jahren gebaut und befinden sich nun in der Spitze der Instandhaltungskosten. Hinzu kommt, daß auch schon vorher notwendiger Instandhaltungsbedarf nicht ausgeführt wurde. Aus diesem Grund hat sich ein besonders hoher „Instandhaltungsstau" aufgeschoben, der in der Tat bewältigt werden muß. Erst wenn diese Maßnahmen ausgeführt sein werden, kommen auch diese Wohnungen wieder in den normalen Kreislauf von Immobilien zurück.

Empfehlung:

Zwischenzeitlich gibt es professionelle EDV-Programme, mit denen der jeweilige Instandhaltungsaufwand (ausgehend von den Baukosten) berechnet werden kann.

Die Kreditentschuldung

Die Kreditentschuldung ist vor folgendem Hintergrund zu sehen: Durch die laufende Tilgung wird der Kredit im Ablauf von ca. 28 Jahren an die Bank zurückgezahlt.

Ein Bauherr ist in rd. 28 Jahren schuldenfrei

Entschuldungsablauf [31]

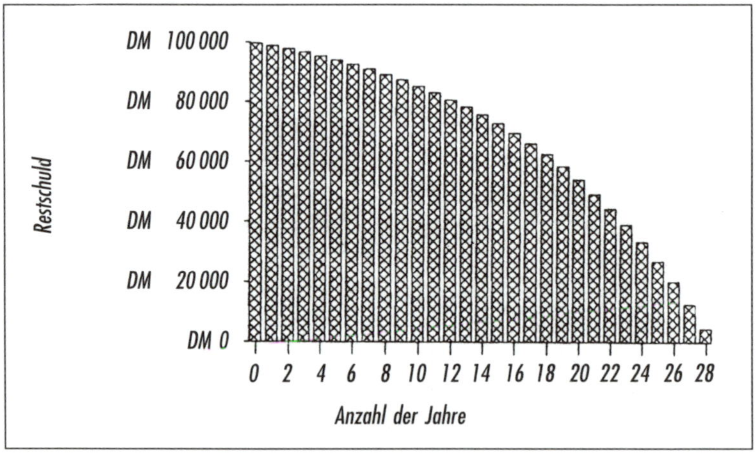

Es entsteht also im Laufe der Zeit eine Entschuldung, die Zins- und Tilgungsbelastung entfällt mit Rückzahlung der letzten Rate. Dieser Umstand hat natürlich Einfluß auf die Rendite.

Die Wertsteigerung

Eines der Hauptargumente für den Kauf von Immobilien war die Rendite aufgrund der Wertsteigerung. Ob sie eintritt, hängt von folgenden Kriterien ab:

- allgemein gestiegene Baukosten
- Lage der Immobilie
- allgemeine Nachfrage nach Immobilien dieser Art
- Grad der Instandhaltung und Werterhaltung
- Möglichkeiten zur Nutzung

Niedrigere Baukosten verhindern künftige Wertsteigerungen

Ob also in Zukunft bei Immobilien weiterhin eine Wertsteigerung eintreten und wie hoch sie ggf. ausfallen wird, hängt davon ab, ob es den Immobilienunternehmen der anderen europäischen Länder gelingen wird, aufgrund ihrer günstigeren Bau- und Immobilienpreise in Deutschland Fuß zu fassen. Werden sich zum Beispiel holländische Einfamilienhäuser in Deutschland durchsetzen, wird es in Zukunft kaum zu höheren Baukosten kommen. Damit entfällt der Grund „Baukostenerhöhungen" und damit die (automatische) Wertsteigerung bei Einfamilienhäusern dieser Art.

Zeitpunkt der Betrachtung

Lebensabschnitte einer Immobilie

Eine Immobilie durchläuft im Laufe der Zeit verschiedene Lebensabschnitte, und deshalb kommt es in bezug auf die Rendite sehr auf den Zeitpunkt der Betrachtung bzw. des Lebensabschnittes der Immobilie an.

Beispiel:

Im 20. bis 25. Lebensjahr einer Immobilie, also in der Phase der höchsten Instandhaltung, wird eine reine Einnahmen-Ausgaben-Rechnung keinen Überschuß ergeben. Im Gegenteil: Die Immobilie wird rechnerisch nur „rote Zahlen" schreiben. Dennoch aber ist es nicht so, daß es an Rendite fehlen muß, sondern nur der aktuelle Zeitpunkt zeigt ein negatives Ergebnis.

Sechs Phasen im Lebensabschnitt einer Immobilie sind von besonderer Bedeutung

Im Grunde gibt es sechs Betrachtungszeitpunkte:

- Betrachtungszeitpunkt 1: Erstbezug

  In dieser Übergangszeit, nämlich von der Bauphase bzw. Liquiditätsphase in die Vermietungs- und Bestandsphase, ist im Normalfall mit keiner Rendite zu rechnen. Den hohen Bau- und Finanzierungskosten steht keine adäquate Miete gegenüber, dagegen machen sich zusätzlich die ersten Bewirtschaftungskosten bemerkbar. Nur in Verbindung mit steuerlichen Abschreibungen kann u. U. das Ergebnis „erträglich“ gestaltet werden.

- Betrachtungszeitpunkt 2: Fristablauf der Erstfinanzierung

  Bei kurzfristiger Finanzierung befinden wir uns im fünften Lebensjahr der Immobilie, und kurzfristige Finanzierungen, also Darlehen mit nur fünfjähriger Laufzeit, können ein erhebliches Risiko bedeuten; nämlich, ob sich zu diesem Zeitpunkt eine Bank zur Zweitfinanzierung findet, und vor allem, welche Zinshöhe zu diesem Zeitpunkt besteht. Vor allem Erstdarlehen mit hohem Disagio, also niedrigerer tatsächlicher Auszahlung, erhöhen den Kreditbetrag, weil in dieser kurzen Zeit von fünf Jahren das Darlehen kaum nennenswert getilgt wurde, und sollte der Zinssatz höher als bisher sein, erhöhen sich auch die „roten Zahlen.“ Von Rendite kann in diesem Fall also keine Rede sein.

- Betrachtungszeitpunkt 3: „Zehnjähriges“

  Der erste optimale Verkaufszeitpunkt

  Diese „Teenager-Immobilie“ hat ihren optimalen Zeitpunkt in bezug auf die Rendite:

  - Laufende Bewirtschaftungskosten und Miete haben sich eingespielt.
  - Größere Reparaturen fallen noch nicht an.
  - Die Immobilie sieht (noch) gut aus.
  - In diesen zehn Jahren ist bereits eine gewisse Wertsteigerung eingetreten.

Die Wertsteigerung ergibt sich wie folgt:

Ermittlung des aktuellen Verkaufspreises der Immobilie
./. aktueller Darlehensstand

= Wertsteigerung

„Cash-Generator" verschafft (steuerfreie) Einnahmen

Diese Differenz nennen die Amerikaner „Cash-Generator". Würde die Immobilie verkauft, würde diese Differenz zwischen dem Verkaufspreis und dem vorhandenen Darlehen in der Tat „Bargeld" erzeugen, das in Deutschland steuerfrei vereinnahmt werden kann.

Zur Ermittlung des Verkaufspreises kann die simple Methode der „Maklerformel" verwendet werden, die sich aus dem xfachen der Netto-kalt-Miete ergibt.

Beispiel:

Bruttomiete abzüglich Bewirtschaftungskosten = Netto-kalt-Miete

Netto-kalt-Miete x 12 Monate = Jahresmiete x 15fache Jahresmiete = Verkaufspreis.

Die 15fache Jahresmiete ist ein guter Durchschnittswert für Immobilien-Renditeobjekte, der, je nach Marktgegebenheiten, nach oben und/oder nach unten schwanken kann.

- Betrachtungszeitpunkt 4: „Silbernes Jubiläum"

„Midlife-Crisis" einer Immobilie

Die Immobilie besteht nun seit rund 25 Jahren und kommt in ihre Krise. Vor allem der Instandhaltungsaufwand macht der Verwaltung schwer zu schaffen. Wie im Abschnitt „Instandhaltungsphasen" (siehe Seite 115) ausgeführt, fallen nun laufend Reparaturen an, und diese Kosten können über die laufenden Mieteinnahmen nicht finanziert werden.

Aus diesem Grund ist es aus wirtschaftlichen Gründen unbedingt erforderlich, ab Erstbezug eine Instandhaltungsrücklage anzusparen, um die jetzt folgenden enormen Kosten ganz oder teilweise aus dieser Rücklage finanzieren zu können. Dem Investor bleibt jedoch ein steuerlicher Trost: Diese Kosten können als „Verluste aus Vermietung und

Verpachtung" steuermindernd bei der Einkommensteuer ausgeglichen werden.

- Betrachtungszeitpunkt 5: Rückzahlung aller Kredite

Der zweite optimale Verkaufszeitpunkt

Die „Wiedergeburt der Rendite" steht an. Während beim „Silbernen Jubiläum" an eine „Cash-Rendite" nicht zu denken ist, ändert sich dies nun erfreulicherweise entscheidend. Falls alle Instandhaltungs- und ggf. auch wertverbessernden Maßnahmen durchgeführt und zwischenzeitlich alle Kredite zurückgezahlt wurden, ergibt sich eine Rendite, wie sie so schnell nicht wieder erreicht werden wird. Dem aktuellen Verkaufswert steht nur der normale, laufende Bewirtschaftungsaufwand gegenüber, der „Cash-Generator" kommt voll zur Wirkung (sofern die Immobilie verkauft werden sollte). Buchhalter nennen diese Differenz zwischen dem Verkaufswert und dem Buchwert schlicht „stille Reserve".

- Betrachtungszeitpunkt 6: „reifes Alter"

Modernisierung erfordert einen hohen Aufwand

Mit weiter fortschreitendem Alter erhöht sich wieder der Instandhaltungsaufwand, weil die im Betrachtungszeitpunkt 4 neu eingebaute Haustechnik zwischenzeitlich verschlissen ist und erneuert werden muß. Außerdem steht nun die „Modernisierungswelle" an, d.h., an und für sich nicht kaputte Bauteile wie Fliesen, Türen usw. sind noch gebrauchsfähig, aber nicht mehr modern, und bei jeder Neuvermietung stellen sich deshalb Fragen dieser „Mode-Modernisierung". Diese Aufwendungen sind insgesamt meist so hoch, daß sie nicht aus den laufenden Mieteinnahmen bestritten werden können. Aus diesem Grund müssen meist Modernisierungsdarlehen aufgenommen werden, d.h., in bezug auf die Rendite erhöht sich die Kostenbelastung, die Nettorendite geht – gegenüber Betrachtungszeitpunkt 5 – nach unten.

Rendite heißt: Querrechnung

Zusammenfassend kann man feststellen, daß es „die" Immobilienrendite nicht gibt, sondern daß die eingangs genannten fünf Komponenten zu berücksichtigen sind. Die Nettorendite unterliegt aus den genannten Gründen einem ständigen „Auf und Ab", und nur eine langfristige Querrechnung, die sogenannte

„ICF-Immobilien-Cash-Flow-Berechnung“[32] zeigt die tatsächliche Rendite einer Immobilie.

Der Bauherr bei geschlossenen Immobilienfonds

Bei Projekten ab mehrfacher Millionengröße dürfte die Finanzkraft eines privaten Investors überschritten sein, und deshalb werden Einkaufszentren und andere Gewerbeobjekte oft über sogenannte geschlossene Immobilienfonds finanziert und erstellt.

Was ist überhaupt ein Immobilienfonds?

Fonds: gemeinsam sind wir stark ...

Das Wort „Fonds“ ist eine französische, juristische Bezeichnung für ein bestimmtes Sondervermögen (Geldmittel). Mittels eines Fonds sollen Geldmittel gesammelt und zur Finanzierung bestimmter Güter eingesetzt werden.

... wenn Immobilienprofis alles richtig anpacken

Der Initiator hat meist eine besondere Idee und möchte dieses Ziel mit Unterstützung anderer verwirklichen. Er bietet neben der Idee meist das erforderliche (Fach-)Wissen, an dem die Anleger partizipieren können. Bei Immobilien liegt der Vorteil darin, was der einzelne meist aufgrund des Volumens nicht kann, nämlich größeren Grundbesitz an interessanten Standorten zu kaufen bzw. zu bebauen und zu vermieten. Damit dürfte klar sein, daß die Erbringung aller dazu notwendigen Leistungen, die dem einzelnen Anleger – im Vergleich zum einzelnen Investor – abgenommen wird, Geld kostet. Diese Vorkosten eines Fonds sind Honorare für Projektaufbereitung, Projektentwicklung, Rechts- und Steuerberatung, Mittelverwendungskontrolle, Gutachten, Garantien, Vermittlungs- und Vertriebsprovisionen.

Bezüglich der Fondskonstruktionen gibt es vielfältige Formen; hier soll aber nur der geschlossene Fonds behandelt werden. Der Zweck ist in der Regel der Erwerb eines bestimmten, unbebauten Grundstücks, um dieses zu bebauen, zu vermieten und zu verwalten, oder ein ebenfalls bekanntes Gebäude zu erwerben, aus- oder umzubauen, zu modernisieren und anschließend zu vermieten und zu verwalten.

Grundsätze geschlossener Immobilienfonds

Vier einfache Fonds-Grundsätze

- Die Fondsimmobilie(n) ist/sind in der Regel dem Anleger bekannt und in einem Zeichnungsprospekt beschrieben.
- Das Investitionsvolumen steht fest, das benötigte Eigenkapital wird zur Zeichnung/Beteiligung angeboten.
- Nach Vollplazierung wird der Fonds geschlossen, d. h., es sind keine weiteren Beteiligungen mehr möglich.
- Ein geschlossener Immobilienfonds ist also geschlossen in bezug auf einen bestimmten Anlegerkreis und in bezug auf ein bestimmtes Investitionsvorhaben.

Rechtsformen geschlossener Immobilienfonds

Geschlossene Immobilienfonds werden, um bestimmte steuerliche und rechtliche Effekte zu erzeugen, meist als Personengesellschaften, d. h. als Kommanditgesellschaft oder als Gesellschaft des bürgerlichen Rechts, geführt. Gelegentlich treten auch Fonds als Bruchteilsgemeinschaft auf.

Haftungsrisiken

Haftung: jeder sitzt allein in seinem Boot

Ein wesentlicher Unterschied zwischen den Fonds-Formen liegt in der Haftung.

Während beim offenen Fonds der Anleger nur sein Kapital investiert und seinen Fondsanteil – im Normalfall – jederzeit, wie ein anderes Wertpapier auch, verkaufen kann, haftet der Anleger beim geschlossenen BGB- oder Anteilsfonds nach außen für alle Verbindlichkeiten des Fonds.

Anders gesagt: Alle Anleger haften gemeinsam, der einzelne Anleger haftet aber auch einzeln für sämtliche Verbindlichkeiten eines Fonds.

Beispiel:

Ein Anleger beteiligt sich mit 10% an einem BGB-Immobilienfond (Supermarkt). Er ist damit im Normalfall mit 10% am Ergebnis des Fonds beteiligt, im schlechtesten Fall haftet er mit 100% an Verbindlichkeiten (offenen Rechnungen) des Fonds. Ein Gläubiger kann nämlich im Falle von unbezahlten Rechnungen einen Beteiligten herausgreifen und ihn mit der vollen Rechnungshöhe belasten (verklagen).

Der Anleger ist Mit-Bauherr, trägt also ein höheres Risiko, das ihm meist mit höheren Steuerabschreibungen „versüßt" wird.

Rechtsform ist wichtig

Um dieses Risiko weitgehend auszuschließen, gibt es geschlossene Immobilienfonds in allen möglichen Rechtskonstellationen: als Kommanditgesellschaft oder als GmbH & Co. KG. In diesen Fällen haftet der Anleger nur mit seinem Anteil.

Fonds: eine interessante Langzeit-Variante

Geschlossene Immobilienfonds bieten sich als Langzeit-Kapitalanlage an oder möglicherweise mit dem Ziel, das Immobilienobjekt insgesamt nach einigen Jahren wieder (mit Gewinn) zu verkaufen. Denn die jeweiligen Immobilienanteile können einzeln kaum verkauft werden, da es keinen Markt für Immobilienfondsanteile von geschlossenen Fonds gibt. Wer also „drin" ist, kommt während der Laufzeit kaum mehr wieder heraus. Andererseits bietet der geschlossene Immobilienfonds, wenn es sich um eine kleine, überschaubare Zahl von Anteilseignern handelt, die sich im Prinzip einig sind, ungeahnte Renditemöglichkeiten.

7. Die Immobilienverwaltung

Keine Immobilie verwaltet sich selbst

Ist das Immobilienobjekt, zum Beispiel eine Eigentumswohnanlage, fertiggestellt und bezogen, tritt es in die zweite Phase, die langjährige Bestands- und Verwaltungsphase, ein. Viele Investoren glauben, mit dem Bau und der Finanzierung einer Immobilie ist die „Sache gelaufen" und kümmern sich nicht oder kaum mehr um die Immobilie, manche wollen nur noch „Kohle" sehen, die Verwaltung wird als lästig empfunden. Es handelt sich in diesen Fällen um eine absolute Verkennung der Immobilienprinzipien. Es gibt keine „Selbstläufer-Immobilie", auch wenn dies Verkäufer und Vertriebsleute immer wieder versprechen sollten. Solche Versprechen zeugen davon, daß der Verkäufer keine Ahnung von den Immobiliengegebenheiten hat oder, was noch schlimmer wäre, den Kunden nur „über den Tisch ziehen" will.

4 Immobilien als wirtschaftliches Produkt

Aufgaben eines Verwalters: kaum bekannt

Die Aufgaben eines Immobilienverwalters sind in der Öffentlichkeit kaum bekannt, obwohl es sich um einen 2000 Jahre alten Beruf handelt. Er wird vom Laien meist mit dem Hausmeister verwechselt, weil die Tätigkeit so wenig offenkundig ist. Die Verwaltertätigkeit ist eine Vertrauenstätigkeit, denn der Verwalter hat Einblick in die tatsächliche Finanzsituation seiner Kunden, und die Palette reicht oft von „sehr reich bis bettelarm".

Viele Investoren haben eine völlig falsche Vorstellung von einer Verwaltung. Verwalten bedeutet: beschützen, bewahren, erhalten. Damit ist das Aufgabengebiet beschrieben und zugleich klar, was eine Verwaltung nicht kann, nämlich Fehlinvestitionen erfolgreich zu machen. Eine falsche Lage, zu hohe Bau- und Kapitalkosten usw. kann eine Verwaltung nicht ändern. Aber sie ist zuständig dafür, die Investition nicht herabzuwirtschaften, sondern Beständigkeit an den Tag zu legen und mit viel Überblick den Immobilienwert zu verbessern. Im einzelnen gliedert sich die Verwaltungstätigkeit in eine Vielzahl von Einzeltätigkeiten.

Der Verwalter – bei dieser Anrede soll es der Einfachheit halber bleiben – hat im Grunde vier Hauptaufgaben:

- Finanzverwaltung
- kaufmännische Verwaltung
- juristische Verwaltung
- technische Erhaltung und Wertverbesserung

Ein Verwalter hat drei verschiedene Berufe

Der Verwalter muß somit drei verschiedene Berufe in einer Person vereinigen: Kaufmann, Techniker und Jurist, denn er muß so viel von einem Problem verstehen, um abwägen zu können, ob eine Sache fachlich richtig ist und er sie verantworten kann.

Auf eine Haus- und Grundstücksverwaltung kommen in der täglichen Praxis eine Fülle von Aufgaben zu, die oftmals so strikt kaum zu trennen sind, da sie ineinander übergehen. Im Überblick haben diese vier Hauptaufgaben folgende Inhalte:

Die Finanzverwaltung

„Geordnete Finanzen": eine Hauptaufgabe

Der wichtigste Verwaltergrundsatz lautet: „Die Finanzen müssen stimmen." Gemeint ist, daß der Verwalter zuständig ist für alle Einnahmen und Ausgaben der von ihm verwalteten Anwesen, und daß alle Kontobewegungen nach den Grundsätzen einer ordnungsgemäßen Buchführung erfolgen müssen.

Zur Finanzverwaltung gehören: Buchführung, Zahlungsverkehr, Mahnwesen, Wirtschaftsplan und Jahresabrechnung, Abrechnung der Betriebskosten und Abrechnung der Kaution bei Auszug eines Mieters sowie zinsgünstige Anlage von Geldern des Eigentümers (Festgeld, verzinsliche Anlage von Rücklagen usw.), ggf. Beratung in Finanzierungsfragen, Umgang mit Banken (Lastschrifteneinzug, Daueraufträge usw.).

Im Sinne einer ordnungsgemäßen Verwaltung sind mindestens folgende Grundregeln einzuhalten:

Ordnungsgemäße Buchführung

„Offenes Treuhandkonto" ist erforderlich

Alle Zahlungsvorgänge (Mieteinnahmen und Kosten) werden pro Objekt/Wirtschaftseinheit/Eigentümer erfaßt (gebucht), bei treuhänderischer Verwaltung ist für jedes einzelne Objekt ein eigenes Girokonto bei einer Bank als sogenanntes offenes Treuhandkonto einzurichten. Dorthin zahlen die Mieter ihre Miete ein, von diesem Konto zahlt der Verwalter alle anfallenden Kosten.

Beispiel:

Ein neues Anwesen wird in die Dienstleistungsverwaltung übernommen. Eine der ersten Maßnahmen ist der Weg zur Bank, um dort ein Konto einzurichten und zwar auf den Namen des Kunden, vertreten durch die Verwaltung. Dieses Konto hat nun die Position eines offenen Treuhandkontos, d.h., die Bank (und auch das Finanzamt) weiß, die Umsätze auf diesem Konto gehören zu diesem dort benannten Eigentümer. Auf diesem Konto treffen somit alle Einnahmen ein, und alle Rechnungen werden ebenfalls ausschließlich von diesem Konto bezahlt. Alle Einnahmen und Ausgaben dieses Objekts stehen sich somit gegenüber, hierüber hat der Verwalter am Jahresende eine Abrechnung zu erstellen.

Erstellen eines Wirtschaftsplans

Wirtschaftsplan und richtige Abrechnungen sind selbstverständlich

Um zu sehen, wie sich die finanzielle und wirtschaftliche Situation dieses Anwesens verhält, ist durch den Verwalter jeweils am Jahresanfang ein Wirtschaftsplan unter Angabe der voraussichtlichen Einnahmen und Ausgaben zu erstellen. Dieser Wirtschaftsplan ist dem/den Eigentümer/n zur Genehmigung vorzulegen. Damit wird gleichzeitig der finanzielle Handlungsspielraum der Verwaltung festgelegt. Sind zum Beispiel 10 000,– DM für Reparaturen im Wirtschaftsplan ausgewiesen und genehmigt, bedeutet dies für den Verwalter, daß er in diesem Jahr bis zu diesem Betrag Reparaturaufträge vergeben kann. Solange er also 10 000,– DM nicht überschreitet, muß er im Normalfall nicht mehr einzeln um Genehmigung fragen. Dadurch haben beide Seiten klare Verhältnisse.

Erstellen einer Jahresabrechnung

Jahresabrechnung muß bald erfolgen

Zum Jahresende hat die Verwaltung, wie schon erwähnt, die eingenommenen Mieten sowie die tatsächlich angefallenen Kosten in einer Jahresabrechnung darzulegen bzw. nachzuweisen.

Die Jahresabrechnung sollte wie der Wirtschaftsplan aufgebaut sein, nur daß nunmehr die tatsächlichen Zahlen erscheinen. Die Abrechnung ist die ausdrückliche Pflicht des Verwalters. Die Information über Einnahmen, Ausgaben und alle sonstigen Belastungen und Vorkommnisse (Mietrückstände und entsprechende Maßnahmen) hat der Verwalter an den Eigentümer möglichst umfassend und zeitnah vorzunehmen.

Zinsgünstige Geldanlage

Geldmanagement erforderlich

Weist das Treuhandkonto ausreichende Finanzmittel aus, hat der Verwalter die vorübergehend nicht gebrauchten Guthabenbeträge zinsgünstig anzulegen. Üblich sind befristete Festgeldbeträge.

Beispiel:

Das Treuhandkonto weist ein Guthaben von 15 000,– DM aus. Es stehen für die nächsten vier Wochen keine größeren Zahlungen an. Die Verwaltung hat deshalb 10 000,– DM für vier Wochen als Festgeld anzulegen. Nach Ablauf dieser Zeit wird über eine Wiederanlage neu entschieden.

Die Finanzen der ihm anvertrauten Immobilie im Griff zu haben ist die wichtigste Aufgabe eines Immobilienverwalters. Aus dem Vergleich zwischen dem vorgelegten Wirtschaftsplan und der Jahresabrechnung ist die Leistung einer qualifizierten Verwaltung eindeutig zu erkennen. Natürlich kann es auch Überschreitungen geben, allerdings nur in Abstimmung mit dem Eigentümer/Investor. Überschreitungen dürfen nur in Ausnahmesituationen, d. h. durch unvorhersehbare Ereignisse, eintreten. Solche unvorhersehbaren Kosten können evtl. im Bereich von Instandhaltungskosten auftreten.

Die kaufmännische Verwaltung

Administration

Der zweite große Block sind kaufmännische Kenntnisse, die ebenfalls sehr umfassend sind und sich wiederum in drei große Teile untergliedern:

- allgemeine Verwaltung
- Vermietung
- Mietvertragsverwaltung

Die allgemeine Verwaltung

Immobilien müssen richtig versichert sein

Zur allgemeinen Verwaltung gehören die allgemeinen Büroarbeiten wie Kopieren, Telefonieren, Kundenbesuche usw. Eine wichtige Allgemeintätigkeit ist jedoch die Überprüfung der abgeschlossenen Versicherungen. Für jedes Grundstück sollten folgende Versicherungen abgeschlossen sein:

- Haus-Haftpflichtversicherung
- Feuer- und Brandversicherung
- Gebäudeversicherung

Fehlen erforderliche Versicherungen, wie oben erwähnt, ist es im Normalfall Aufgabe des Verwalters, in Absprache mit dem/den Eigentümer/n solche Versicherungen abzuschließen.

Die Vermietung

Von der Miethöhe hängt der Ertrag ab

Die Vermietung von Wohnungen und vor allem auch von Gewerbeobjekten ist eine der wichtigsten Tätigkeiten einer Verwaltung. Sie besteht im Prinzip aus drei Grundsätzen:

Grundsatz 1: Die Miethöhe entscheidet über den Ertrag und damit über die wirtschaftliche Seite der Immobilie.

Über die rechtlich zulässige Miethöhe (bei Wohnraum) muß jede Verwaltung im Detail Bescheid wissen. Bei Gewerbeobjekten gibt es in bezug auf die Miethöhe keine gesetzlichen Vorschriften. Mit den Zahlen aus der Finanzverwaltung wird die eigene Kostenbelastung ermittelt und daraus die sich ergebende kostendeckende Miete berechnet. In diesem Zahlenwerk stehen sich dann die zulässige Miete und die eigene kostendeckende Miete gegenüber.

Wichtig ist noch die aktuelle Markt- und Nachfragesituation. Sie wird in den nächsten Jahren nicht besonders rosig sein, so daß Vermieter zufrieden sein können, wenn sie bei einer Neuvermietung eine kostendeckende Miete erzielen können. Entsprechend dieser Ausgangssituation wird der Mietvertrag erstellt (siehe nachfolgend).

Grundsatz 2: Die Mieterauswahl entscheidet über „Harmonie oder Streß“ mit und zwischen den Mietern.

Vermietung muß vor Ort erfolgen

Auch wenn die Nachfrage nicht so rosig ist, heißt das nicht, mit jedem Mieter, der sich als erster für das Vermietungsobjekt interessiert, gleich einen Mietvertrag abzuschließen. Das in Kapitel 3 beschriebene Mietrecht macht später, wenn Probleme auftreten sollten, keinen Unterschied. Es liegt am Vermieter bzw. an der Verwaltung, weiterhin sorgfältig vorzugehen.

Die wichtigste Frage bei der Mieterauswahl ist nach wie vor: Paßt *dieser* Mieter in *dieses* Haus?[33] Um diese Frage beantworten zu können, muß der Vermieter/Verwalter die Struktur des Immobilienobjekts genau kennen. Vom „grünen Tisch“ aus kann man nicht vermieten, jede Vermietung muß direkt vor Ort erfolgen. Und man muß sich Zeit nehmen, um den Mieter in einem oder mehreren Gesprächen näher kennenzulernen.

Empfehlung:

In Zeiten hoher Nachfrage wurden oftmals Wohnungen „vergeben“ (schon dieser Ausdruck zeigt den Behördeneinfluß), aber die Zeiten sind vorbei. Heute wird es zunehmend wichtig, Mietinteressentenkarteien nach Zielgruppen anzulegen, um diese Zielgruppen (Kunden) wirksam zu werben und sie höflich und zuvorkommend zu behandeln.

Grundsatz 3: Im abzuschließenden Mietvertrag werden die Bedingungen des Mietverhältnisses festgehalten.

Der Mietvertrag ist ein individueller Vertrag

Ist ein Mieter gefunden, gilt es, einen auf die aktuelle Situation ausgerichteten Mietvertrag abzuschließen. Der Mietvertrag ist rechtlich (noch immer) ein individueller Vertrag, nur wird darauf oft nicht geachtet, sondern im Schreibwarenhandel ein x-beliebiges Vertragsformular gekauft und flüchtig ausgestellt. Fehler, die beim Ausstellen passieren, können nur im beiderseitigem Einvernehmen (also per Unterschrift) geändert werden. Ansonsten bleibt dieser Fehler so lange bestehen, wie das Mietverhältnis besteht.[34]

Liegt, bei schlechter Vermietungslage, die am Markt erzielbare Miete unter der eigenen kostendeckenden Miete, kann man durch Anpassungsklauseln, wie der Staffelmiete, die Miete mit der Zeit an die Kostendeckung heranführen.

Die Mietvertragsverwaltung

Der Mietvertrag muß verwaltet werden

Ist der Mieter eingezogen, beginnt für die Verwaltung die lange Phase der Mietvertragsverwaltung. Dazu gehören alle Probleme des Zusammenlebens, wie sie zum Beispiel in der Hausordnung festgehalten sind. Sie zu regeln zu versuchen (eine absolute Regelung ist selten möglich), ist ebenfalls Aufgabe einer Verwaltung.

Die juristische Verwaltung

Gute Kenntnisse des Immobilienrechts notwendig

Wohl ist ein Verwalter kein Jurist, dennoch hat das Recht, insbesondere das Mietrecht, eine große Bedeutung, denn die Kenntnisse des Mietrechts sind für einen Verwalter unabdingbar. Hierzu gehört die Durchführung von Mieterhöhungen, die Einleitung von Rechtsmaßnahmen durch Auswahl und Beauftragung eines Anwalts, die Vertretung des Eigentümers bei behördlichen Maßnahmen usw. Vor allem muß er den Überblick über die gesetzlichen Regelungen haben, um richtig reagieren zu können.

Die technische Erhaltung und Wertverbesserung

Der Verwalter muß technisch versiert sein

Dazu gehören vor allem die Vergabe, Überwachung und Abnahme von laufenden Reparaturen aller Art, Vornahme von Reparatur-Ausschreibungen sowie der Abschluß und die Kontrolle von Wartungsverträgen für technische Anlagen.

Je größer die Immobilie, desto mehr Technik

Wartungsverträge sollten für alle technischen Anlagen abgeschlossen sein, die einer laufenden Inanspruchnahme unterliegen:

- Aufzug (Wartung und Instandhaltung, monatlich oder pro Quartal)

- Antenne (jährliche Wartung)
- Heizungsanlage (monatlich im Winter)
- Hebeanlage (= Abwasserpumpe, 1x jährlich)
- Kaltwasserfilter (quartalsweise oder jährlich)
- Wasseraufbereitungsanlagen (1x jährlich)
- Gasboiler, Etagenheizungen usw. (1x jährlich)

Über den Zustand dieser technischen Einrichtungen und über den baulichen Zustand eines Anwesens hat sich der Verwalter fortlaufend zu überzeugen. Dies geschieht in der Praxis am besten durch eine Objektbegehung.

Die Objektbegehung

Die technische Verwaltung beginnt mit einer Objektbegehung vom Keller bis zum Dach. Sie ist eine wichtige Verwalteraufgabe.

Der Hauptgrund von Objektbegehungen ist somit, Schäden und evtl. Gefahrenstellen zu bemerken und festzulegen, ob sie sofort oder in nächster Zeit behoben werden müssen. Bei größeren Schäden wird der Verwalter sicherlich einen Fachmann (Bauingenieur, Architekt, Sachverständigen) hinzuziehen und ihm, mit Einverständnis des Eigentümers, die Durchführung übertragen.

Wichtig: regelmäßige Besichtigung zur Schadensfeststellung

Bei der Behebung kleinerer Schäden ist der Verwalter selbst für die Beseitigung zuständig. Diese kleineren Schäden wird der Verwalter in Zusammenarbeit mit dem zuständigen Handwerksmeister bearbeiten.

Wertverbesserungen und Modernisierung

Neben der Instandhaltung und Instandsetzung spielen vor allem bei älteren Gebäuden wertverbessernde Maßnahmen und generelle Modernisierungen eine zunehmend wichtige Rolle. Zum Beispiel waren (in den Altbundesländern) in den 70er Jahren gelbe Fliesen mit geflammtem Muster hochmodern, zehn Jahre später jedoch völlig „out“. So wandelt sich die Mode in immer kürzeren Intervallen, was bedeutet, daß verwendete Materialien nach einigen Jahren noch längst nicht verschlissen, aber unmodern sind. Steht dann ein Mieterwechsel an, können bei einer Neuvermietung aufgrund der unmodernen Ausstattung Vermietungsschwierigkeiten auftreten.

Die Ausstattung entscheidet wesentlich über die Vermietbarkeit

Für die Bestandsphase gilt deshalb der Grundsatz, daß Einrichtungsgegenstände, insbesondere Fliesen, Waschbecken, Badewannen, Teppichböden, Kücheneinrichtungen usw. einen möglichst neutralen Charakter haben sollten. Selbstverständlich kann jeder Investor mit seiner Immobilie „Selbstverwirklichung“ betreiben und sie nach seinem Geschmack ausstatten. Aber mit diesen Vorstellungen kann unter Umständen viel Geld auf der Strecke bleiben.

Grundlegende Verbesserungen heben den Zukunftswert von Immobilien

Auch das Mietrecht geht, soweit Verbesserungen auf den Mieter umgelegt werden sollen, vom objektiven Gebrauchswert für den Mieter (nicht Vermieter) aus. Solche baulichen Maßnahmen, die den Gebrauchwert erhöhen, sind zum Beispiel Maßnahmen zur Verbesserung

- des Zuschnitts der Wohnung
- der Belichtung und Belüftung
- des Wärmeschutzes
- des Schallschutzes
- der Energie-, Wasserversorgung und der Entwässerung
- der sanitären Einrichtungen
- der Beheizung und der Kochmöglichkeiten
- der Funktionsabläufe in Wohnungen
- der Sicherheit vor Diebstahl und Gewalt

Würden also zum Beispiel anstelle der bisherigen alten Wasserhähne neue, goldene Wasserhähne eingebaut, wäre dies mietrechtlich keine Gebrauchsverbesserung, sondern ggf. eine Verschönerung, also Luxus. Diese Kosten könnten somit nicht auf den Mieter umgelegt werden.

Maßnahmen zur Verbesserung der Wohnverhältnisse

Der Gebrauchswert wird verbessert, wenn das Wohnen in der Wohnung angenehmer, bequemer, sicherer, gesünder oder weniger arbeitsaufwendig wird. Typische Beispiele hierfür sind:

- Einbau eines Bades oder WC's
- Einbau von Verbund- und/oder Schallschutzfenstern
- Maßnahmen zur Einsparung von Heizenergie

Wertverbesserungen sind auch Maßnahmen, die die allgemeinen Wohnverhältnisse der Wohnanlage verbessern, zum Beispiel durch die Neuanlage und/oder den Ausbau von

- Kinderspielplätzen
- Grünanlagen
- Stellplätzen

Solche Wohnumfeldverbesserungen helfen in schwierigen Zeiten, wenn es genug Wohnungen und Wohnungsleerstand gibt, die Vermietung zu erleichtern.

Aufgrund des Instandhaltungsverhaltens einer Immobilie ist stets etwa ab dem 20. Lebensjahr einer Immobilie davon auszugehen, daß Wertverbesserungen und Modernisierungen anstehen, weil vor allem technische Anlagen nach dieser Zeit verschlissen sind. Meistens gibt es ohnehin längst keine Ersatzteile mehr. Es bleibt also dem Investor keine andere Wahl, als die verschlissenen technischen Anlagen auszutauschen. Meist hat auch die Technik selbst einen weiteren Fortschritt erzielt.

Wichtig:

Instandhaltungsrücklagen sind eine Pflicht für sorgfältige Verwaltungen

Es gilt also, für diese unumgängliche Situation Vorsorge zu treffen, zum Beispiel durch rechtzeitige Anlage einer Instandhaltungsrücklage in ausreichender Höhe. Das Einplanen dieser Gegebenheiten ist ein wichtiger Faktor im Immobilienmanagement, d. h., in diesen Bestandsjahren muß so viel Ertrag erwirtschaftet sein, um neben den hohen Instandhaltungskosten diese unumgänglichen Modernisierungen und wertverbessernden Maßnahmen durchführen zu können.

Das Bestandsmanagement

Gute Verwalter wenden Managementmethoden an

Noch weit mehr Professionalität ist erforderlich, wenn es sich um millionenschwere Gewerbeobjekte handelt. In Fachkreisen heißt das nicht mehr Verwaltung, sondern Bestandsmanagement. Hierunter versteht man die systematische Weiterentwicklung von (Gewerbe-)Immobilien unter Renditegesichtspunkten. Die Buchhaltung wird speziell als Kosten-, Leistungs- und Ergebnisrechnung geführt mit dem Ziel, Ist-Zahlen für Kosten laufend zur Verfügung zu haben. Anhand dieser Kosten erfolgt die Budgetierung, und anhand der Kosten werden Kennzahlen und Kennzahlensysteme eingeführt.

Eine wichtige Rolle spielt dabei das Controlling. Durch ständigen Soll-Ist-Vergleich, durch Kosten- und Erfolgsanalysen und durch begleitende Steuermaßnahmen werden „störende Einflüsse" möglichst ausgeschaltet. Ein Controller-Spruch besagt: „Wir könnten am 2. Januar schon die Jahresabrechnung dieses Jahres erstellen." Nur noch absolut unvorhersehbare Vorfälle können das geplante Jahresergebnis verändern.

Das Portfolio-Management

Den Portfolio-Manager interessiert nur Rendite

Die höchste Stufe der Verwaltung ist das Portfolio-Management. Hier verwaltet ein Immobilien-Portfolio-Manager unter Wahrnehmung der Eigentümerfunktion einen Mix verschiedener Immobilienkapitalanlagen ausschließlich unter Rendite- und Ertragsgesichtspunkten. Er steuert das Portfolio mit dem Ziel der besten Performance, d.h., Ertrag, Sicherheit, Wirtschaftlichkeit, Wertsteigerung und Vermögensoptimierung stehen an erster Stelle. Dazu gehören die Struktur des Portfolios, steuerliche und rechtliche Gegebenheiten, Formen der Finanzierung und Möglichkeiten der Vermarktung.

Teil B
Immobilien-Zukunft *morgen*

B

Immobilien-Zukunft

Die Konvergenzzeit – Zeit der Veränderungen

5

Konvergenzzeit

1. Was sollten Immobilien-Profis in dieser Konvergenzzeit tun?

Es wird Zeit für Veränderungen

Die Jahre bis zum Jahr 2002, der frühestmöglichen Einführung des Euro, werden, unabhängig davon, ob und wann der Euro tatsächlich kommt oder nicht, schwere Jahre. Die Regierung muß, mit oder ohne Euro, ihren Haushalt in den Griff bekommen, und die Immobilienwirtschaft wird sich noch immer im konjunkturellen Tal befinden. Diese Zeit, in der wir uns jetzt befinden, wird von den Währungsfachleuten als „Konvergenzzeit" (Konvergenz = Annäherung) bezeichnet. Dabei ist, aus Immobiliensicht, das Geld „Euro" unwesentlich. Wesentlich erscheint, daß die Konjunktur rückläufig und die heutige, aktuelle Zeit eine Übergangszeit ist.

Dieses Kapitel ist allen, die sich berufsmäßig mit Immobilien befassen, gewidmet. Ihnen stehen schwere Zeiten bevor, denn die Immobilienkonjunktur befindet sich im Wellenbruch (siehe Kapitel 1) und nichts deutet darauf hin, daß der Staat ein viertes Mal größere Immobilienkonjunktur-Programme mit Förderhilfen und Steuerabschreibungen auflegen wird. Im Gegenteil: Aufgrund des Stabilitätspakts des Euro verbietet sich jede weitere Verschuldung.

Nicht abwarten, sondern handeln

Wenn es nun in der Konvergenzzeit keine besonderen neuen Programme geben wird, soll das – entsprechend den bisherigen Gepflogenheiten – nicht bedeuten, nur dazusitzen und abzuwarten. Nahezu 85 Jahre Staatslenkung und Obrigkeitsdenken hat die Immobilienbranche, insbesondere die Architekten, Makler, Bauträger und Investitionsunternehmen, also im Prinzip alle, die sich mit dem Neubau von Immobilien befassen, dazu erzogen, abzuwarten, was der Staat zu tun gedenkt. Und 85 Jahre Staatslenkung bzw. das Fehlen von Marktwirtschaft haben dazu geführt, daß die Lehre des Marketing und vor allem das Handeln nach Marketingkriterien unbekannt ist.

Empfehlung:

Ein Business-Sprichwort lautet: „Die Schnellen fressen die Langsamen" und dieser Satz gilt ab sofort. Es ist existenziell wichtig, diese Übergangszeit und die jetzt schon vorhandenen Spielräume für Veränderungen und Anpassungen zu nutzen.

2. Veränderungen in der Projektentwicklung

„Yesterday-Projektentwicklung" ist überholt

Früher war der Projektentwickler ein Architekt. Er wurde mit der Entwicklung, d. h. Bebauung, eines Grundstücks beauftragt. Der Architekt zeichnete entsprechende Baukörper und Grundrisse, wie eine Bebauung dieses Grundstücks aussehen könnte, stimmte diese mit der Bauordnungsbehörde und dem Bauherrn ab und reichte einen entsprechenden Bauantrag bei der Kommune ein. Aufgrund der Kostenschätzung des Architekten erstellte der Bauträger eine Finanzierung, und nach Genehmigung des Bauantrags wurde mit dem Bau begonnen. Im fortgeschrittenen Rohbau dachte man langsam an die Vermietung, und in der Endphase der Fertigstellung wurde in bezug auf die Vermietung alle „Hebel in Bewegung gesetzt", d. h., mit Inseraten, Makleraufträgen usw. wurden versucht, zum Zeitpunkt der technischen Objektübergabe auch die Vollvermietung bekanntgeben zu können. Meistens hat dies auch so mehr oder weniger gut funktioniert. Aber diese Zeiten sind vorbei. Diese Methodik ist amateurhaft und heutzutage viel zu riskant.

Kaufmännische Objekt- und Produktplanung ist erforderlich …

Heute gilt es, die Projektentwicklung weit vorzuverlegen und zu unterteilen in die kaufmännische Marktanalyse, die wirtschaftlichen Objektplanung und die anschließende technische Durchführung.

… und der Architekt setzt sie in das Gebäude um

Die kaufmännische Objektplanung hat dabei die Aufgabe, ein „Bedürfnis" im Sinne von Marketing einschließlich dazu passendem Mieter/Betreiber zu finden und mit ihm bereits vor Baubeginn einen verbindlichen (Vor-)Vertrag abzuschließen. Diese Vorvermietung ist heutzutage zur Sicherheit des Projektes unbedingt erforderlich. Gelingt es nicht, Mieter/Betreiber zu finden, ist auch das Projekt gestorben. Aufgrund der Vorvermietung wird das Projekt von vornherein auf die Anforderungen des Mieters zugeschnitten. Es ist dann Aufgabe des Architekten, diese Anforderung in das Gebäude umzusetzen.

3. Veränderungen im Maklergeschäft

Der Makler braucht Fachkenntnisse wie sein EU-Kollege

Die Veränderungen zeigen sich zum Beispiel für Makler darin, daß es bis auf weiteres einen Käufermarkt geben wird, der Kauf- oder Mietinteressent also die freie Auswahl hat und nicht mehr bereit sein wird, nur aufgrund einer Adresse an einen Makler die übliche Maklerprovision zu bezahlen. Er wird für sein Geld auch als „echter Kunde“ behandelt werden wollen. Ebenso wird der Verkäufer oder Vermieter vom Makler fundierte Fachkenntnisse und eine professionelle Arbeitsweise verlangen. Den „Nur-Makler“ wird es ohnehin nicht mehr lange geben. Der „neue Makler“ ist ein Immobilienfachmann, der vielseitig mit Immobilien umgehen kann und ganz auf die Anforderungen seiner Klientel ausgerichtet ist.

4. Dienstleistungsmarketing

Mieterfreundlichkeit und Service

Jedes Immobilienunternehmen sollte wenigstens die nachfolgenden Mindestgrundsätze in bezug auf Dienstleistungen erarbeitet und firmenintern möglichst schnell umgesetzt haben. Die Konvergenzzeit ist gut geeignet, das Arbeiten unter Berücksichtigung von Marketingkriterien auch in die Immobilienbranche einzuführen. In der Wohnungswirtschaft dagegen ist der Begriff „Marketing“ noch weitgehend ungebräuchlich. Allein schon die Bezeichnung „Kunde“ ist eine echte Innovation. Alle Untersuchungen zur Bewertung der Wohnqualität von Großwohnsiedlungen zeigen, daß die Bewohner den „weichen“ Qualitätsfaktoren, wie mieterfreundliche Wohnungsverwaltung und Service, große Bedeutung zumessen.[35]

Das Zauberwort heißt „Marketing"

Der Begriff „Marketing" wird vielfach mit „Verkaufen" gleichgesetzt, aber diese Sichtweise ist überholt. Marketing ist so grundlegend, daß man es nicht als separate betriebliche Funktion sehen darf, Marketing umfaßt das gesamte Unternehmen, und zwar vom Endergebnis her betrachtet – d.h. vom Standpunkt des Kunden.[36]

In der Immobilienwirtschaft ist das Dienstleistungsmarketing besonders interessant. Wissenschaftler fanden heraus, daß die Kunden bei allen Typen von Dienstleistungen im wesentlichen gleiche Kriterien anlegen.[37] In bezug auf Immobilien können die wichtigsten Grundsätze wie folgt definiert werden:

Erster Grundsatz: Kennen und Verstehen des Kunden

Sechs Dienstleistungs-Grundsätze für die Zukunft

Im zweiten Kapitel ist schon angeklungen, daß sich die Bedürfnisse der Bevölkerung aufgrund der Veränderungen in Single-Haushalte usw. ebenfalls verändert haben und die Immobilienbranche auf diese Veränderungen noch nicht reagiert hat. Sie hat bisher nicht reagiert, weil sie die Bedürfnisse ihrer Kunden nicht ausreichend kennt, jedenfalls nicht in vergleichbarem Maße wie andere Branchen. Zum Beispiel ist die Frage wichtig:

- Wer ist der sogenannte Kaufentscheider?
- Wer hat den maßgeblichen Einfluß auf den Kauf einer Immobilie?
- Ist das ER oder SIE oder sind das die Eltern?

Das wissen erfahrene Verkäufer allenfalls aus ihrer persönlichen Erfahrung, nicht jedoch aufgrund qualitativer Analysen, und dies ist ein wichtiger Unterschied.

Im Bereich der Wohnungsverwaltung werden zum Beispiel von Verwaltungsunternehmen oft Umfragen unter Mietern gemacht. Die Frage lautet meist sinngemäß: „Fühlen Sie sich in Ihrer Wohnung wohl?" Und eine hohe Zahl (ca. 90 %) antwortet mit „ja". Dabei ist diese Fragestellung suggestiv: Die Antwort „nein" würde psychologisch bedeuten, daß der Mieter bei der Auswahl seiner Wohnung einen Fehler gemacht hat, somit antwortet er mit „ja". Der tatsächliche Fehler liegt darin, daß das Verwaltungsunternehmen etwas anderes meint, als der Mieter es versteht.

Ebenso veranstalten Bausparkassen fast jährlich Umfragen, aus denen sich ergibt, daß eine sehr hohe Anzahl von Bundesbürgern sich ein Haus wünscht. – Na und? Diese Aussage ist nichts wert, weil sie nicht aus der Sicht des Kunden erfolgt.

Der Einzelhandel ist hier weit voraus

Der Einzelhandel zum Beispiel analysiert die echten Bedürfnisse und Einkaufsgewohnheiten der Kunden regelmäßig und stellt sich in bezug auf Sortiment und Werbung entsprechend darauf ein (die Aufstellung der Waren ist in der Regel auf die Gewohnheiten einer bestimmten Zielgruppe abgestellt).

Zielgruppenanalyse: systematisch und kontinuierlich

Die Ausrichtung auf eine Zielgruppe bringt den Erfolg

Bei „Kennen und Verstehen des Kunden" kommt es nicht darauf an, daß das Unternehmen zu wissen glaubt, was der Kunde denkt, sondern daß systematisch und fortlaufend analysiert wird, wer die jeweilige Zielgruppe darstellt und welche konkreten Bedürfnisse (Dienstleistungsbedarf) diese Zielgruppe hat. Und der Bauträger, Makler oder Verwalter empfiehlt sich dieser Zielgruppe als dasjenige Unternehmen, das für diese Bedürfnisse Lösungsalternativen anbietet.

Es gilt also, diese gewandelten, echten Bedürfnisse objektiv zu erforschen und entsprechend veränderte Immobilienprodukte vorzubereiten. Im Prinzip kann ein Haus technisch nach dem Baukastenprinzip zusammengesetzt werden wie ein Auto. Aber das allein ist es nicht! Erfolgreich wird (nur) derjenige sein, dem es gelingt, durch die Immobilie entsprechende Bedürfnisse zu erfüllen, so wie auch die verschiedenen Automodelle auf verschiedene Zielgruppen und deren Erwartungen und Bedürfnisse zugeschnitten sind.

So könnte zum Beispiel ein Appartementhaus auf die konkreten Bedürfnisse der dort wohnenden Singles ausgerichtet sein, d. h., neben der hierfür optimalen Lage und einem auf die Bedürfnisse ausgerichteten Grundriß könnten „Dienstleistungen auf Abruf" eingerichtet sein, die es dem Single erlauben, sich frei und ungebunden zu bewegen.

Damit aber ist die Entwicklung nicht zu Ende, im Gegenteil: ab dieser Stufe beginnt es erst, ökonomisch interessant zu werden, denn aus einem guten Produkt entwickelt die Industrie sogenannte Produktlinien, also Abwandlungen und Varianten mit unterschiedlichen Preisen und Leistungen.

Empfehlung:

Die Zielgruppenforschung und -analyse ist eine langwierige Angelegenheit und gerade für die nächsten schwachen Jahre gut geeignet.

Zweiter Grundsatz: problemloser Zugang zu Dienstleistungen

Erwartungen der ausgewählten Zielgruppe erforschen

Der Kunde muß problemlos Zugang zu allen Immobilien-Dienstleistungen haben. Dies bedeutet, daß einer ausgewählten Zielgruppe eine überschaubare Palette an Dienstleistungen angeboten wird, die sie bei Bedarf abrufen kann. Dabei kommt es darauf an, daß (nur) Dienstleistungen angeboten werden, die die Zielgruppe vom Unternehmen erwartet. Oder noch besser aus Sicht des Unternehmens gesagt: „98 % aller Erwartungen unserer Zielgruppe (in bezug auf Immobilien) müssen durch unser Unternehmen erfüllt werden (können).“

Um solche neuen Angebote auf den Markt zu bringen, ist die genannte Kundenanalyse erforderlich. Wichtig dabei ist, daß nicht irgendwelche, vom Unternehmen ausgedachte Dienstleistungen angeboten werden, sondern solche, die von der Kundenseite konkret erwartet werden. Diese müssen vorhanden und ohne langes Warten für den Kunden abrufbar sein.

Rasche Bearbeitung von Beschwerden und Reklamationen

Mit Kompetenz und Sachkenntnis verständliche Auskünfte geben

Ein weiteres Thema in diesem Zusammenhang ist die Behandlung von Reklamationen und Beschwerden. Sie gehören für jede Branche zum Alltag, sie sind ein ganz normaler Bestandteil der täglichen Arbeit. Eine Frage ist nur: Wie geht man im Unternehmen damit um? Der Grundsatz lautet: Der Kunde muß problemlos Zugang haben, d.h. seine Beschwerden direkt, ohne große Schriftform und jederzeit bei der zuständigen Person anbringen können. Und diese Person muß die Kompetenz und die notwendige Sachkenntnis haben, um dem Kunden eine verständliche Auskunft geben und notwendige Maßnahmen einleiten zu können.

Die Bearbeitung von Beschwerden und Reklamationen ist ein wesentlicher Bestandteil des Images. Wer ein gutes Image anstrebt, muß nicht etwa fehlerfrei arbeiten, das ist ohnehin unmöglich, sondern Reklamationen zügig und für den Kunden problemlos bearbeiten.

Heutige Situation: Wohnungsverwaltung funktioniert noch wie eine Behörde

Die aktuelle Situation ist zur Zeit meist anders, etwa vergleichbar mit folgendem Bericht: „In ihrer organisatorischen Struktur ist die Wohnungsverwaltung traditionell auf eine interne Verwaltungsrationalität ausgerichtet. Dies bedeutet eine stark arbeitsteilige Segmentierung in die einzelnen Sparten der Verwaltungstätigkeit nach dem sektoralen Gliederungsprinzip. Neuabschluß von Mietverträgen, Mietberechnungen, Mietbuchhaltung, Gebäudereinigung, kleine Reparaturarbeiten, größere Instandsetzungen und besondere Modernisierungsmaßnahmen werden jeweils von unterschiedlichen, darauf spezialisierten Mitarbeitern und Abteilungen durchgeführt. Dies bringt eine starke Zentralisierung mit sich, der Mieter hat häufig einen längeren Suchprozeß zu durchlaufen, bis er den ‚zuständigen' Ansprechpartner gefunden hat, der dann aufgrund seiner Spezialisierung wenig konkrete Ortskenntnisse über etwaige Besonderheiten des jeweiligen Objektes besitzt. Für Anliegen, die im Organisationsschema des Unternehmens so nicht vorgesehen sind, ist unter Umständen überhaupt kein Ansprechpartner zu finden. Diese führt nicht nur subjektiv zum Empfinden des Mieters, ‚nicht gut bedient' zu werden, sondern kann auch zu objektiven Mängeln in der Verwaltung und Bestandspflege führen.“ [38]

Dritter Grundsatz: Kommunikation

Unter „Kommunikation“ wird nicht nur der Einsatz moderner Kommunikationsmittel wie Handy, Telefax usw. verstanden.

Zur Kommunikation gehört auch, daß das Leistungsangebot so beschrieben ist, daß es der Kunde mühelos versteht.

Beispiel: Baubeschreibung

Die Baubeschreibung ist das, was man beim Auto „Technische Daten" nennt. Sie ist also eine nüchterne Faktenliste und im Normalfall für den Normalkunden, der ja Laie ist, nicht verständlich. Die Baubeschreibung ist zur Verkaufsförderung völlig ungeeignet. Sie sollte durch ein „Marketing-Instrument" ersetzt werden. Wie das funktioniert, würde den Rahmen dieses Buches sprengen, kann aber erlernt werden. Es bedeutet natürlich die grundsätzliche Bereitschaft, frühere Arbeitsmethoden über Bord zu werfen.

Gute Kommunikation ist die Grundvoraussetzung für Verkaufen, Vermieten und Verwalten

Zur Kommunikation gehört, daß man sie als Vorstufe des Verkaufens begreift. Der Kaufvorgang einer Immobilie läuft in mehreren Stufen ab, ein „Impulsivkauf" wird in Zukunft die Ausnahme sein. Ein Kunde, der sich erstmals mit dem Kauf einer Immobilie beschäftigt, hat zwangsläufig noch keine Ahnung, welche Anforderungen gestellt werden und sucht deshalb hauptsächlich Informationen aller Art, um sich in die Gegebenheiten einzulesen.

Nur Prospekte zusenden ist zu wenig

Jeder Makler oder Verkaufsleiter im Musterhaus kann mit wenigen Fragen feststellen, ob er einen solchen „Allgemeininteressenten" vor sich hat. Er wird sich zwangsläufig für eine besondere Immobilie interessieren, tatsächlich aber befindet er sich in der Orientierungsphase und sucht fachliche Informationen. Ihn nun mit Immobilien-Prospekten zu überhäufen, macht überhaupt keinen Sinn. Er wird alle Angebote, auch die der Konkurrenz, auf einen Haufen legen und irgendwann in den Müll werfen.

Empfehlung:

Die neue Art des Verkaufens, besonders in bezug auf die neue Käuferschicht, ist, sich (das Unternehmen) über mehrere Stufen der Information zu empfehlen und eine bestimmte „Verkaufsreife" herbeizuführen. Erst dann beginnt das eigentliche Verkaufsgespräch.

Vierter Grundsatz: Kompetenz, Höflichkeit und Glaubwürdigkeit

Eine gute Ausbildung ist die Basis ...

Um künftig erfolgreich zu sein, müssen alle Mitarbeiter eines Unternehmens über die erforderlichen Fähigkeiten und Kenntnisse verfügen. Zur Kompetenz gehört die Fachkenntnis, diese ergibt sich wiederum aus der Ausbildung.

Im einzigen Ausbildungsberuf zum „Kaufmann in der Grundstücks- und Wohnungswirtschaft" – das Wort Immobilien taucht hier nicht auf – mit Abschluß bei der Industrie- und Handelskammer besteht ein Großteil der Prüfungsfragen aus Rechtsfragen, und der Schwerpunkt der Ausbildung liegt auf den Gebieten Mietrecht, Wohnungseigentum, Wohnungsverwaltung und Finanz- und Rechnungswesen. Die Ausbildungsplätze werden und können aufgrund des Anforderungsprofils an das auszubildende Unternehmen im wesentlichen auch nur von (kommunalen) Wohnungsunternehmen und wenigen anderen Immobilienunternehmen angeboten werden. Diese Unternehmen stellen aber nur ca. 5 bis 10 % der gesamten Immobilienunternehmen dar. Die Makler- und Bauträgertätigkeit kommt in dieser IHK-Kaufmannausbildung nur als Nebenfach vor.[39]

... aber der offizielle Ausbildungsplan ist praxisfremd

Für die rund 90 % mittelständisch orientierte Mehrheit an Bauträgern, Maklern und privaten Immobilienunternehmen ist das Ausbildungs-Nebenfach das Hauptgeschäft. Der Ausbildungsrahmenplan ist deshalb für sie im wesentlichen praxisfremd. Ein weiteres Ausbildungshemmnis ist, daß Immobilienunternehmen in der Regel auf eine Art der Immobilientätigkeit spezialisiert sind, aber, wenn sie ein Ausbildungsunternehmen werden wollen, den gesamten Ausbildungsrahmen abdecken müßten. Da dies nicht der Fall ist, besteht für diese rund 90 % keine Möglichkeit, junge Leute an das Makler- und Bauträgergeschäft heranzuführen.

90 % aller Immobilienunternehmer können nicht ausbilden

Wohl gibt es noch die theoretische Variante, sich zu einer „Ausbildungsgemeinschaft“ zusammenzuschließen. Diese Lösung ist jedoch ebenfalls sehr praxisfremd, weil diese Unternehmen, die sich zusammenschließen sollten, in gewisser Weise Konkurrenten sind. Außerdem: Wer trägt die Verantwortung für den Ausbildungserfolg? Und die Lohnabrechnung über mehrere Firmen erhöht den Verwaltungsaufwand erheblich. 90 % aller Immobilienunternehmen ist deshalb im Grunde der Zugang, ein Ausbildungsunternehmen zu werden, verwehrt. Junge Leute, die Ausbildungsplätze suchen, können deshalb in der mittelständischen Immobilienwirtschaft kaum ausgebildet werden. Die Ausbildungsrate ist auch beschämend niedrig.

Besser gelungen ist die auf eine Ausbildung folgende Weiterbildung, in diesem Fall zum „Fachwirt in der Grundstücks- und Wohnungswirtschaft/IHK“. Auch hier taucht das Wort Immobilien nicht auf, und tatsächlich ist der Fachwirt mehr Jurist als Betriebswirt. Themen wie Unternehmensführung, Marketing, Organisation usw. sind eigentlich Nebenfächer, denn es wird nur Kenntnis, aber keine Beherrschung des Stoffes verlangt.[40] Woher also soll die erwünschte und notwendige Professionalität kommen?

Neue Bildungsmöglichkeiten: staatlich anerkannte Fernlehrgänge

Erfreulich ist, daß sich zwischenzeitlich, in wenigen Jahren, das Feld der Bildungsmöglichkeiten erheblich erweitert hat: Hochschulen, Berufs- und Wirtschaftsakademien sowie private und verbandseigene Akademien bieten ein umfangreiches Bildungsprogramm, das auch staatlich anerkannte Fernlehrgänge einschließt.[41]

Fundiertes Basiswissen ist notwendig

Eine fachbezogene Ausbildung ist, trotz aller Angebote, noch immer kein ernsthaftes Thema bei Führungskräften in der Immobilienbranche. Es fehlt im Grunde auch das Verständnis für die Notwendigkeit von Aus- und Weiterbildung.

„Learning by doing"

Die meisten Verantwortlichen in den Immobilienunternehmen fragen noch immer: Wozu eine solch aufwendige und teuere Ausbildung? „Learning by doing" ist doch die einfachere Methode. Sie reicht jedoch nicht mehr aus. Wenn zum Beispiel im Mietvertrag bei der Neuvermietung in bezug auf die Betriebskostenumlage das Wort „Grundsteuer" fehlt, addieren sich diese Kosten bei einem längeren Mietverhältnis auf einen Betrag in Höhe einer kleinen Ein-Zimmer-Eigentumswohung. Wie bei anderen Berufen auch braucht jeder in der Immobilienbranche Berufstätige ein fundiertes Basiswissen. Nur wenn dieses Basiswissen vorhanden ist, kann das „Doing" und/oder ein Spezialwissen, wie die kaufmännische Projektentwicklung, darauf aufgebaut werden. Hier besteht ein großer Nachholbedarf, der in der Konvergenzzeit geschlossen werden sollte.

Ein großes Plus ist die Flexibilität

Der Vorteil der Unternehmen in der Immobilienbranche besteht darin, daß sie flexibel und anpassungsfähig sind. Dazu sind alle erzogen, weil der Staat bisher in seiner gesetzgeberischen Tätigkeit wenig auf die praktische Durchführung geachtet hat und in der damaligen DDR das Material und Geld gefehlt hat, um Maßnahmen durchführen zu können. Gesetze kamen oft überraschend, zum Teil rückwirkend, so daß alle in der Branche, trotz großer Bürokratie, schnelle und praktische Lösungen finden mußten. Dies gilt besonders auch für die neuen Länder. Diese Flexibilität ist ein großes Plus.

„Höflichkeit ist eine Zier ..."

Berufsmäßige Höflichkeit ist gefragt

Die Höflichkeit ist in Deutschland ein allgemeines Problem, das aber in der Immobilienbranche besonders ausgeprägt ist, weil die Branche sehr von Behörden abhängig ist und das Behördenwesen (Obrigkeitsdenken) auf den Umgang mit dem Kunden „durchschlägt".

Empfehlung:

In der Dienstleistung wird als Höflichkeit die „berufsmäßige Höflichkeit" verstanden. Sie hat nichts mit dem privaten Charakter der Höflichkeit unter Freunden zu tun, sondern beruht auf der inneren Einstellung: „Jeder ist ein Kunde, jeder ist o. k.! Es gehört zu meinem Beruf, höflich und hilfsbereit zu sein." Diese Einstellung muß jede(r) Mitarbeiter/-in verinnerlicht haben, schließlich ist es letztlich der Kunde, der das Gehalt bezahlt.

Fünfter Grundsatz: Sensibilität

Immobilien sind ein sensibles Gut

Mitarbeiter sollten unverzüglich und konstruktiv auf die Anliegen und Probleme der Kundschaft eingehen. Immobilien sind, wie schon in Kapitel 4 ausgeführt wurde, ein sensibles Gut, weil Immobilien stets direkt mit Menschen zu tun haben. Zwischen dem Anspruch des Mieters auf der einen Seite und dem Erfordernis der Wirtschaftlichkeit auf der anderen Seite liegt ein hoher Spannungsgrad, der von jedem/jeder, der/die in der Immobilienwirtschaft tätig ist, verarbeitet werden muß. Erst dann, wenn diese Gegensätze erkannt und akzeptiert sind, kann auf den Kunden eingegangen werden. Sensibilität gewinnt mehr und mehr an Bedeutung!

Sechster Grundsatz: Sicherheit und Zuverlässigkeit

Sichere und zuverlässige Abläufe für den Kunden

Die Dienstleistung muß gleichbleibend erbracht werden, sie darf nicht mit Risiken und Zweifeln behaftet sein. Dazu gehört, daß für den Kunden die Arbeitsabläufe im Unternehmen klar, verständlich und überschaubar sind.

Beispiel:

Wenn ein Kunde im Versandhauskatalog ein Kleid bestellt, hat er das Vertrauen, daß er auch dieses Kleid und nicht etwa einen Kühlschrank erhält.

Da es bei Immobilien um viel mehr Geld geht, muß das Vertrauen in die Zuverlässigkeit mit noch größerem Gewicht versehen werden. Die Arbeitsabläufe im Unternehmen müssen so organisiert sein, daß, auch bei mehreren Varianten und Ausnahmen, für den Kunden die Sicherheit besteht, für sein Geld tatsächlich das zu erhalten, was er „bestellt" hat. Sehr viele Bauträger organisieren „individuell" bzw. „von Fall zu Fall", „je nach Bedarf". Eine solche „Hauruck-Organisation" ist viel zu riskant, und zwar für beide Seiten. Es gehört zur Professionalität, Arbeitsabläufe auszuarbeiten und festzulegen.

Beispiel:

Die chinesische Küche. Auf jeder Speisekarte eines Chinarestaurants stehen seitenlang verschiedene Speisen, und alle Speisen werden frisch, schnell und in stets gleichbleibend guter Qualität erbracht. Warum? Weil für die Zubereitung ein einfaches Verfahren standardisiert ist, das entsprechend dem bestellten Gericht abgewandelt wird.

Ausdruck der Sicherheit: Gütesiegel, Zertifizierung

Als Ausdruck dieser zuverlässigen Organisation seien die Zertifizierung und das Gütesiegel genannt. Beide, insbesondere die Zertifizierung nach EN DIN ISO 9000 ff., dürfen nicht als „Bürokratie" verstanden werden, sondern sind nur dann erfolgreich, wenn sie als ein Marketing-Instrument angesehen werden, das intern Ordnung schafft und dem Kunden diese Zuverlässigkeit vermittelt. Er muß überzeugt sein: „Wenn ich diesen Vertrag unterschreibe, läuft die Sache wie eine Uhr nach den vereinbarten Regeln ab, und ich kann sicher sein, am Ende die tatsächlich vereinbarte Leistung zu erhalten."

Wichtig:

Selbstverständlich darf das Unternehmen dieses Vertrauen nicht verspielen, sondern muß diese Leistungen auch tatsächlich einhalten (können).

Mit diesen Empfehlungen, die Konvergenzzeit zu nutzen, soll es zunächst seine Bewandtnis haben. In der Konvergenzzeit fragen sich natürlich viele: Und was kommt dann, wie geht es weiter? Und damit sind wir bei verschiedenen Szenarien.

5. Welche Auswirkungen der Euro auf die Immobilie hat

Der Beitritt zur Wirtschafts- und Währungsunion des Euro ist nicht an die Zeit, sondern an Bedingungen gebunden. Es gibt keinen automatischen Beitritt. Die wichtigsten Punkte für den Beitritt eines Landes sind: Preisstabilität, Haushaltsdisziplin, Zinshöhe und Wechselkursstabilität (siehe Kapitel 6). Die Bundesrepublik hat die meisten Schwierigkeiten mit der Haushaltsdisziplin, weil der Schuldenstand (zur Zeit) nur 60 % des Bruttoinlandsprodukts betragen darf. Dieser Grundsatz führt zu mehreren, spekulativen Szenarien:

Szenario 1: lange Konvergenzzeit unter Beibehaltung der Staatslenkung

Rahmenbedingungen sind entscheidend

Mit oder ohne Euro: in bezug auf Immobilien liegt die Betonung nicht so sehr auf dem „Geld Euro", sondern es kommt auf die künftigen Rahmenbedingungen an. Hier stellt sich hauptsächlich die Frage, ob der Staat die bisherige Staatslenkung beibehalten will.

Immobilienwirtschaft: bald ein Subventionsfall wie die Kohle?

Ohne Änderung der gesetzlichen Rahmenbedingungen, d. h. unter Beibehaltung der Staatslenkung, wird die Immobilienwirtschaft, vor allem aber die Bauwirtschaft in wenigen Jahren zum Subventionsfall wie die Kohlewirtschaft. – Warum?

Ein bildlicher Vergleich mit dem Auto sei angebracht. Bis jetzt ist, bildlich gesehen:

- der Staat der Motor
- die Förder- und Steuerabschreibungen sind der Sprit
- der Staat ist der „Lenker"

Wenn nun kein Sprit mehr da ist, weil der Staat nicht genügend Steuereinnahmen hat und sich eine Kreditaufnahme und weitere Verschuldung nicht mehr leisten kann, bleibt das Auto stehen.

Steuervorteile gestrichen – was nun?

Der Staat kann sich Steuerabschreibungen kaum mehr leisten

In bezug auf Immobilien konnte der Staat die bisherigen Neubauergebnisse in Anbetracht der investitionsfeindlichen gesetzlichen Rahmenbedingungen nur durch steuerliche Abschreibungen und Zulagen erreichen. Anders gesagt: die Steuervorteile waren bisher im Prinzip einer der wichtigsten Anreize für Investoren, sich in Wohnimmobilien zu engagieren. Fallen diese Steuervorteile weg bzw. fallen sie zu gering aus, entfällt dieses Bauherren-Motiv und der „Neubau-Motor" bleibt stehen. Aufgrund fehlender Nachfrage im gesellschaftlichen Bereich (siehe Kapitel 2) wird der „Neubau in der Masse" zum Erliegen kommen und sich nur in Nischen und im kleinen Rahmen bewegen.

Erhöhte Arbeitslosigkeit in der Baubranche

Baubranche: am härtesten betroffen

Damit entfallen gleichzeitig Tausende von Arbeitsplätzen in der Baubranche, die ohnehin schon unter Auftragsmangel und Konkurrenz aus dem Osten leidet. Läßt der Staat diese Entwicklung zu, werden die großen Unternehmen der Baubranche weiter ins Ausland abwandern und die mittelständischen Unternehmen von der Bildfläche verschwinden. Ohne Subventionen bleiben nur die kleinen Handwerksunternehmen bestehen, weil sich diese auf kleinere Aufträge in Bereich der Modernisierung und Sanierung von Altbauten usw. konzentrieren werden.

Gravierende Einschnitte in Haus- und Wohnungsbau

Kein Wohnungs-Neubau mehr

Ohne massive finanzielle Förderung wird, bei den jetzt geltenden Bedingungen, der Bau von Mietwohnungen gänzlich eingestellt werden, die Wohnungsunternehmen werden sich zu reinen Wohnungsverwaltungen entwickeln.

Im freifinanzierten, d. h. ohne öffentliche Mittel erstellten Wohnungsbau wird sich kein Großinvestor (Versicherung, Immobilienfonds usw.) mehr betätigen. Die Gründe wurden ausführlich behandelt.

Der Einfamilienhausbau wird sich überwiegend (nur noch) in den ländlichen Bereichen – mit vielen Eigenleistungen des Bauherrn – ermöglichen lassen. Vielleicht wird auf Initiative eines Bürgermeisters ein Baugebiet ausgewiesen, schon aufgrund der Folgekosten wird sich der Umfang (gegenüber früher) nurmehr im bescheidenen Rahmen bewegen können.

Achtung:

Keine weiteren Schulden

Eine Gegensteuerung, d. h. eine massive finanzielle Förderung durch den Staat und dessen Refinanzierung durch Aufnahme weiterer Kredite, würde den Schuldenstand der Bundesrepublik weiter erhöhen und damit auch einen späteren Eintritt in den Euroverbund ausschließen, wobei das Risiko einer Fehlfinanzierung erheblich ist (siehe Kapitel 1).

Spannungsfeld: Immobilienpreise – Euro

Eine neue Wohnungsnot?

Ein untätiges Verharren in dieser Spannungszone würde, je länger sie dauert, auf die Immobilienpreise eine um so stärkere negative Wirkung auslösen. Die Immobilienpreise würden wie eine Lawine nach unten rollen. Andererseits würde sich im Gegenzug, aufgrund des natürlichen Abgangs von Wohnungen durch Abriß alter Häuser, ein ansteigender Wohnungsbedarf ergeben, der nicht befriedigt werden und schließlich in einer „neuen Wohnungsnot“ enden und einen entsprechenden politischen Druck auslösen würde.

Konvergenzzeit ist Übergangszeit

Allerdings können die Deutschen die Zeitdauer der Konvergenz nur bedingt beeinflussen, denn es müssen auch andere Länder zum Euro bereit sein, und das „Zünglein an der Waage“ spielt Frankreich. Die jetzige neue Regierung drängt nicht zum Euro, sondern will erst die internen Probleme in Frankreich wie die Arbeitslosigkeit angehen. Vor allem sind den Franzosen die Euro-Organisation und die Kriterien der Stabilität zu aufwendig und zu teuer. Es sieht somit danach aus, daß in der Tat der Euro, von der Zeit her gesehen, noch zu früh geplant ist, jedoch: je länger die Konvergenzzeit dauert, um so mehr werden sich Übergangsprobleme in den Immobilienmärkten einstellen.

Szenario 2: der Euro kommt – als „harter Euro“

Das Ziel von Maastricht ist, für alle Mitgliedsländer einen „harten Euro“ (hart wie die DM) zu installieren. Dazu sind von jedem Land bestimmte Konvergenzkriterien zu erfüllen (siehe Kapitel 6), und nur die Einhaltung dieser Kriterien entscheidet darüber, ob ein EU-Land in die Währungsunion eintreten kann oder noch warten muß (wie zur Zeit Italien und Griechenland).

Ziel des Euro

„Harter Euro“: Wertsteigerung und Sicherheit vor Inflation entfallen

Durch einen „harten Euro“, wenn also Preisstabilität und ein stabiles Zinsniveau eintreten und der Euro eine stabile Währung wird, wird es nur eine geringe Inflation geben, die Preissteigerungen werden sich in Grenzen halten. Damit entfallen in bezug auf Immobilien-Investitionen die wichtigsten Argumente – neben den Steuervorteilen: die Sicherheit vor der Inflation und die Wertsteigerung.

Durch einen „harten Euro“ entfallen die bisherigen, aus Sicht der Immobilien-Investition positiven Begleiterscheinungen, die Immobilie wird sich als Kapitalanlageprodukt völlig verändern. Es kommt dann (nur) darauf an, daß jede Immobilie für sich gerechnet in Ordnung ist.

Szenario 3: der Euro kommt – als „weicher Euro“

Steigen die Schuldenquoten ständig weiter und würde deshalb die Verschuldungsgrenze weiter nach oben gesetzt, dann rückt insbesondere das Szenario des „hard landing“ in den Bereich des Möglichen. In diesem Szenario können Investoren mit der Auflösung ihrer Bestände beginnen und eine Kettenreaktion in der Wirtschaft erzeugen: die Aktien- und Rentenkurse fallen, die Zinssätze steigen stark an, der private Verbrauch und die Investitionen schrumpfen, die Währung wertet ab und der Preisanstieg nimmt zu.[42]

„Weicher Euro“: Flucht in die Sachwerte beginnt

In diesem Fall würde es zu einer „Flucht in die Sachwerte“ kommen, denn Kapitalanleger würden die Papieranlagen auflösen und Sachwerte, insbesondere Immobilien, kaufen. Aufgrund dieser erhöhten Nachfrage steigen die Immobilienpreise dramatisch an. In den Vordergrund tritt dann die Angst vor Geldverlust, die gegen die Sicherheit der Immobilie, die sie zweifellos hat, getauscht wird.

Letztlich kann eine allgemeine Finanzkrise entstehen, die Unternehmenszusammenbrüche auf breiter Front verursacht. Auch wenn ein solches Szenario des „hard landing“ sehr unwahrscheinlich ist, liegt sie doch im Bereich des Möglichen.

Wird in diesem Zusammenhang von den Märkten eine Haushaltskonsolidierung erwartet, kann der mangelnde Fortschritt oder der Verzicht auf die finanzpolitischen Anstrengungen durchaus zu einer höheren Wahrscheinlichkeit dieses Szenarios und einer Umkehr der positiven Entwicklung führen.[43]

Diese „Umkehr“ würde eine enorme Nachfrage nach Immobilien-Kapitalanlageprodukten und so eine „Überschäumung“ auslösen. Hier sei an den „Grenzwert“ in Kapitel 1 erinnert: Werden Immobilien nach dem Grenzwert, also am Ende der eigentlichen Nachfrage gebaut und gekauft, würde ein (verspätetes) Einsetzen einer Preisstabilität diese Projekte in das „Wellental“ stürzen lassen, denn eine Inflation löst keine Nachfrage in bezug auf Mieter aus, die diese Kapitalanlageprojekte mieten und nutzen würden.

Szenario 4: der Euro kommt – bei unveränderten Rahmenbedingungen

85 Jahre Staatslenkung und kein Ende …

Der Euro kommt, und die Regierung läßt die Immobilienbranche mit dem ganzen Ballast von 85 Jahren Staatslenkung einfach so stehen. Eine schreckliche Vorstellung! – Die Immobilienwirtschaft hat zu diesem Zeitpunkt, etwa im Jahre 2002, bereits fünf magere Jahre hinter sich, denn die Immobilienkonjunktur befindet sich seit 1997 im „Wellenbruch“ (siehe Kapitel 1), und es ist noch keine wesentliche Besserung in Sicht.

Keine ausländischen Immobilien-Investoren mehr

Die inländische Nachfrage ist zu schwach, um die Konjunktur anzuschieben, und der Staat hat aufgrund des Stabilitätspakts des Euro noch immer keine größeren Mittel für die Immobilienbranche vorgesehen. Ausländische Immobilien-Investoren wenden sich in Anbetracht der bürokratischen Vorschriften entsetzt von Deutschland ab.

Die Bauträger, Makler und Architekten machen sich schon die ganze Zeit Gedanken, wie es wohl in der Zukunft weitergehen soll. Die Zahl der Immobilienunternehmen ist aufgrund fehlender Aufträge auf eine geringe Zahl zurückgegangen.

Baubranche: Unternehmen „trocknen aus"

Noch schlechter sieht es in der Baubranche aus. Da es schon seit Jahren an Aufträgen fehlt, sind die Handwerksunternehmen „ausgetrocknet". Die noch bestehenden Firmen sind Ein- oder Zwei-Mann-Unternehmen, d. h., neben dem Meister und Inhaber gibt es noch einen oder ggf. mehrere Helfer, das ist alles.

Der Euro und die Markterweiterung

6

Euro und Markt

1. Von der DM zum Euro

Stellen Sie sich vor ... der Euro kommt tatsächlich – dann werden sich durch den Euro die Marktbedingungen nach und nach grundlegend verändern. Am besten kann das an der bisherigen Entwicklung gesehen werden.

In den 60er Jahren entstanden die Immobilienmärkte um die Großstädte der damaligen Bundesrepublik, also insbesondere um München, Stuttgart, Frankfurt a. M., Düsseldorf, Köln, Hannover und Hamburg. In dieser Aufbauzeit entwickelten sich viele schöne Städte zu Immobilienmärkten, es entstanden die regionalen Märkte.

Mit der Wende erweiterten sie sich schlagartig um die neuen Länder, d. h., Dresden, Leipzig, Ostberlin usw. kamen als neue, regionale Märkte hinzu. Es trat also eine Expansion der regionalen Märkte, eine sogenannte „Markterweiterung" ein.

Markterweiterung nach Osten

Durch die Wende trat eine Osterweiterung der Immobilienmärkte ein

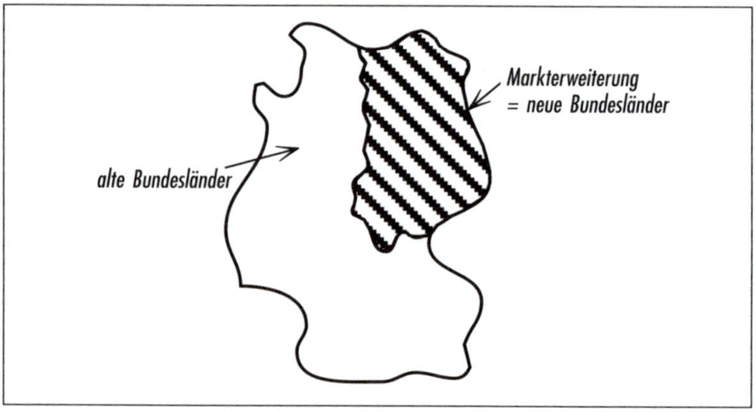

Durch den Euro wird sich diese Entwicklung weiter, jedoch nicht in den Osten, sondern in den Westen, fortsetzen. Die bisher ausländischen Städte werden, wie ehemals Leipzig oder Dresden immobilienmäßig gewissermaßen „Ausland" waren, zum erweiterten, regionalen Immobilienmarkt!

„West-Immobilien-Markterweiterung"

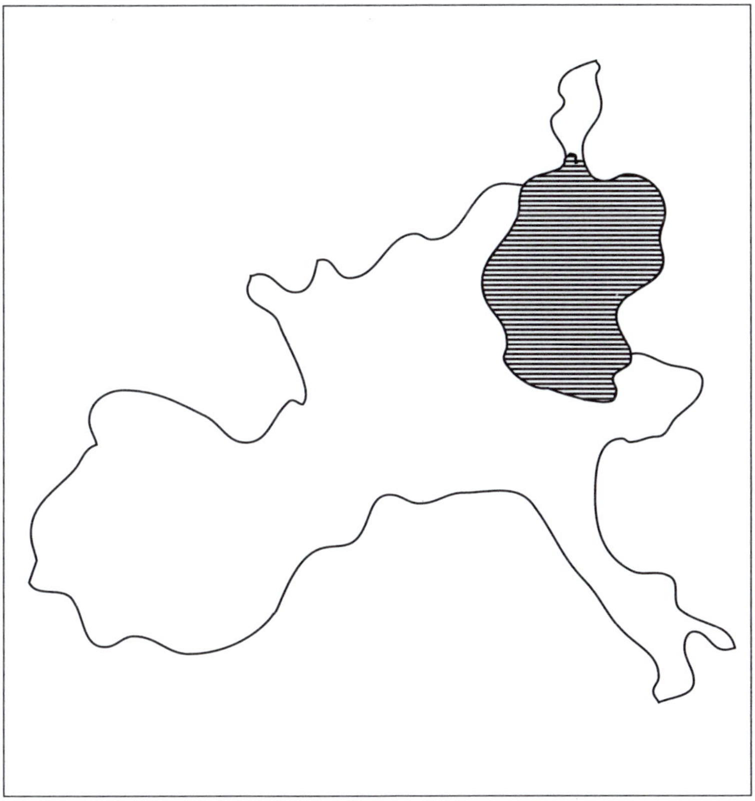

Durch den Euro erweitern sich die Immobilienmärkte um ein Vielfaches

Durch den Euro tritt eine „West-Immobilien-Markterweiterung" ein. Jedoch hat dieser erweiterte „West-Immobilien-Markt" keinen Nachholbedarf wie die einstige DDR. Im Gegenteil: Hier treffen gefestigte Märkte mit eigenen Regierungen und fremder Sprache aufeinander. Deutschland steht also vor weiteren wichtigen Veränderungen.[44]

Die Markterweiterung ist ein Zeichen der globalen Welt

- Wir leben in einer zunehmend globalen Welt. Der Warenaustausch mit den Handelspartnern wächst ständig. Die internationalen Kapitalbewegungen haben Dimensionen erreicht, die früher undenkbar waren. Eine Lösung wirtschaftspolitischer Probleme allein auf nationaler Basis ist praktisch unmöglich. Die Internationalisierung der Märkte verlangt eine gemeinsame Wirtschafts- und Währungspolitik.

Ein größerer Wirtschafts- und Währungsraum entsteht

- Die weitgehende wirtschaftliche Verflechtung verstärkt den Konkurrenzdruck. Selbst kleine und mittelständische Unternehmen müssen sich nicht nur untereinander, sondern auch gegenüber der technologischen Konkurrenz Japans und Nordamerikas behaupten. Dort wird uns nichts geschenkt. Technische Großprojekte wie der Airbus können nicht mehr national, sondern nur noch durch grenzüberschreitende Zusammenarbeit durchgeführt werden. Nur ein größerer Wirtschafts- und Währungsraum bietet die Chancen für die lebensnotwendige Wettbewerbsfähigkeit. Die Bundesrepublik Deutschland könnte, auf sich alleine gestellt, wesentliche Gegenwarts- und Zukunftsprobleme nicht mehr befriedigend lösen.
- Auch in zahlreichen anderen Bereichen sind die neuen Herausforderungen nur noch gemeinsam zu bewältigen. Die Verschmutzung der Umwelt macht nicht an den Grenzen halt. Auch die Wirtschaftskriminalität hat sich international organisiert, ebenso der Drogen- und Waffenhandel. Den wachsenden Einwanderungsstrom aus Osteuropa, Afrika und Asien kann ein einzelnes Land kaum selbst bewältigen.

Es gibt keinen Weg zurück

- Ohne eine gemeinsame Außen- und Sicherheitspolitik bleibt Deutschland handlungsunfähig. Der Jugoslawien-Konflikt liefert dafür ein anschauliches Beispiel. Das politische Gewicht des alten Kontinents hängt von seiner Einigung ab. Dabei wächst Europa eine neue Stabilisierungs- und Führungsrolle zu.
- Nichts wäre schlimmer als ein Rückfall in Nationalismus und Protektionismus. Exzessive Wechselkursabwertungen einiger Währungen deutscher Handelspartner wie im Frühjahr 1995, internationale Handelskonflikte und das Wiederaufleben des Rechtsextremismus sind reale Belege für diese Fehlentwicklungen.

Zukünftig: keine fremden Währungen mehr

Soweit die wichtigsten Anschauungen der Regierung. Relativ sicher ist, daß die Euro-Immobilienländer mit den Jahren zusammenwachsen werden. Bisher sind die Städte Paris, Mailand oder London Ausland. Steht zum Beispiel eine Eigentumswohnung in Paris für 1,5 Millionen Francs zum Verkauf, so fragt sich jeder deutsche Kaufinteressent: Und wieviel ist das in DM? Er rechnet um, aber auch dann bleibt ihm die Sache noch fremd, denn auch der Immobilienmarkt von Paris ist ihm heute unbekannt. Ebenso ist es im umgekehrten Fall. Dieser Umstand wird sich hoffentlich bald ändern.

2. Gründe, die für den Euro sprechen

Die Grenzen zwischen den Mitgliedstaaten der Europäischen Union (EU) sind seit dem 1. Januar 1993 gefallen. Bereits heute besteht ein Wirtschaftsraum ohne Hindernisse für Personen, Waren, Dienstleistungen und Kapital. In Deutschland werden fast 70 % der Exportgewinne im Außenhandel mit den anderen europäischen Ländern erzielt.[45]

Verschiedene Währungen: ständiges Umtauschen

Das Festhalten an verschiedenen Währungen stellt damit nach Meinung der Bundesregierung für die deutsche Export-Wirtschaft, besonders bei stark schwankenden Wechselkursen, ein gravierendes Handels- und Investitionshemmnis dar. Die Währungsunion mit endgültig fixierten Wechselkursen und einer gemeinsamen Währung ist somit ein logischer Schritt.

Mit der Währungsunion wird die EU zu einem großen und einheitlichen Finanzmarkt. Ein stabiler europäischer Währungsraum schafft weitere attraktive Anlage- und Finanzierungsmöglichkeiten für Investoren, und zwar ohne jedes Wechselkursrisiko. Die Investitionsbedingungen werden dadurch deutlich verbessert werden. Ziele des Euro sind:

Sinn des Euro: Preisstabilität

- Erreichen eines hohen Grades an Preisstabilität, ersichtlich aus einer Inflationsrate, die der Inflationsrate jener – höchstens drei – Mitgliedstaaten nahekommt, die auf dem Gebiet der Preisstabilität das beste Ergebnis erzielt haben.
- Eine auf Dauer tragbare Finanzlage der öffentlichen Hand, ersichtlich aus einer öffentlichen Haushaltslage ohne übermäßiges Defizit.

Alle preisstabilen Länder können beitreten

- Einhaltung der normalen Bandbreiten des Wechselkursmechanismus des Europäischen Währungssystems seit mindestens zwei Jahren ohne Abwertung gegenüber der Währung eines anderen Mitgliedstaats.
- Dauerhaftigkeit der von dem Mitgliedstaat erreichten Konvergenz und seiner Teilnahme am Wechselkursmechanismus des Europäischen Währungssystems, die im Niveau der langfristigen Zinssätze zum Ausdruck kommt.[46]

Wirtschaftliche Vorteile der Währungsunion

Die unmittelbaren wirtschaftlichen Vorteile der Währungsunion liegen eigentlich auf der Hand:

Vereinfachung des Zahlungsverkehrs

- Im Zahlungsverkehr mit den Euro-Nachbarn entfällt der Währungsumtausch. Die Transaktionskosten können spürbar verringert werden. Dies macht sich für den einzelnen Bürger gerade bei Auslandsreisen bemerkbar. Jeder, der sich Devisen für seinen Urlaub besorgen oder Überweisungen ins Ausland tätigen möchte, hat heute noch hohe Gebühren und Provisionen zu zahlen. Diese entfallen bzw. werden deutlich niedriger sein, wenn in der gesamten Europäischen Union in einer gemeinsamen Währung bezahlt werden kann.

Keine Kursschwankungen und -verluste mehr

- Besonders groß sind die Vorteile auch für die Unternehmer. Nach einer endgültigen Festlegung der Wechselkurse sind keine Kursverluste zu befürchten. Unternehmen brauchen für ihre Handelsgeschäfte und Investitionen im Ausland keine Kurssicherungsgeschäfte mehr abzuschließen. Dies verringert nicht nur die Produktionskosten, sondern erhöht auch die langfristige Kalkulations- und Planungssicherheit.

Bessere Nutzung der europäischen Nachbarmärkte

- Die bessere Nutzung der europäischen Nachbarmärkte kommt gerade Deutschland zugute. Für Deutschland ist der Export lebensnotwendig. Rund ein Drittel des Bruttosozialproduktes wird im Export erwirtschaftet, 60 % davon wiederum im Außenhandel mit den EU-Nachbarn in der Gemeinschaft. Jeder vierte Arbeitsplatz hängt vom Export ab, in manchen Regionen sogar jeder zweite. Der Handel mit den europäischen Nachbarn ist ein Lebensnerv der deutschen Wirtschaft. Der erreichte Wohlstand beruht wesentlich auf internationaler Arbeitsteilung und grenzüberschreitender Zusammenarbeit.

Verbesserung der Investitionsbedingungen

- Mit der Währungsunion wird die EU zu einem der bedeutendsten Finanzmärkte der Welt. Jeder Kreditnehmer und jeder Investor kann auf das gesamte Kapitalangebot der Union zurückgreifen, und zwar ohne jedes Wechselkursrisiko. Die Investitionsbedingungen werden dadurch deutlich verbessert und der Wettbewerb innerhalb der Union intensiviert.[47]

Solide Haushaltspolitik: Vorschriften im Maastrichter Vertrag

Im Vertrag von Maastricht sind detaillierte Vorschriften zur Durchsetzung einer soliden Haushaltspolitik festgelegt.

Kein zusätzliches Geld durch die Notenpresse

- Das Verbot der Kreditgewährung von Zentralbanken an den öffentlichen Sektor. Diese Bestimmung zwingt die öffentliche Hand, sich wie jeder private Kreditnehmer zu Marktbedingungen an die Kapitalmärkte zu wenden. Unsolides Wirtschaften wird dann mit höheren Zinsen bestraft. Eine Finanzierung von Staatsausgaben über die Notenpresse ist nicht mehr möglich.

Finanzmittel für den Staat zu Marktbedingungen

- Ein bevorrechtigter Zugang des Staates zu den Finanzinstituten ist ausgeschlossen. Diese können nun nicht mehr, wie es früher in einigen Ländern üblich war, verpflichtet werden, ihre Mittel dem Staat zu Vorzugsbedingungen zur Verfügung zu stellen. Vielmehr muß sich auch der Staat den Marktbedingungen unterwerfen.

Die Schulden trägt jeder Staat selbst

- Eine Haftung der Gemeinschaft oder einzelner Mitgliedstaaten für die Schulden anderer Mitgliedstaaten ist ausdrücklich ausgeschlossen. Für seine Schulden ist damit jeder Mitgliedstaat allein verantwortlich. Dadurch wird die Eigenverantwortung der einzelnen Teilnehmerstaaten gestärkt und der Anreiz erhöht, solide zu wirtschaften.

Schuldenmachen ist begrenzt

- Alle Mitgliedstaaten sind verpflichtet, sich um die Vermeidung übermäßiger Haushaltsdefizite zu bemühen. Zur Überwachung der Einhaltung strikter Haushaltsdisziplin wurde ein spezielles Verfahren geschaffen. Dieses Verfahren ist erstmals im Sommer 1994 in Gang gesetzt worden. Der Vertrag von Maastricht sieht bestimmte Obergrenzen für das öffentliche Defizit (3 % des Bruttoinlandprodukts) und für den Schuldenstand des öffentlichen Sektors (60 % des Bruttoinlandprodukts) vor.[48]

Selbst wenn diese Zahlen nicht absolut eingehalten werden sollten (oder können), würde deshalb die Stabilität, wenn alle anderen Rahmenbedingungen stimmen, kaum beeinträchtigt und das Gesamtziel dennoch erreicht werden.

Belebung der Konjunktur durch Aufnahme von Krediten ist „out"

Die Notwendigkeit zur Reduzierung der Staatsschulden ist heute ökonomisch unbestritten; die negativen Auswirkungen einer hohen Staatsverschuldung sind allgemein anerkannt. Frühere Vorstellungen, einen dauerhaften wirtschaftlichen Erholungsprozeß über schuldenfinanzierte Ausgaben einzuleiten, haben sich schon in früheren Jahrzehnten als Illusion erwiesen, denn hohe Defizite und wachsende Schuldenquoten beeinträchtigen die private Sachkapitalbildung, treiben Preise und Zinsen in die Höhe und schränken so das in Zukunft verteilbare Sozialprodukt ein. Eine niedrige Staatsquote, niedrige Steuer- und Abgabenquote und niedrige Staatsdefizite sind dagegen nach vielfältiger Erfahrung der Schlüssel für Wachstum, Arbeitsplätze und Wohlstand.

Die Europäische Zentralbank: stabile Geldpolitik

Euro-Aufsicht liegt bei der EZB

Wechselkursänderungen sind, wenn sie einmal festgelegt wurden, ausgeschlossen. Die Europäische Zentralbank (EZB) übernimmt die alleinige Zuständigkeit für die Geldpolitik der Währungsunion. Sie beruht auf einer völkerrechtlich abgesicherten Satzung, die sich eng an das bisherige Bundesbankgesetz anlehnt (und nur unter erschwerten Bedingungen gemeinsam geändert werden könnte).

Die nationalen Zentralbanken bleiben bestehen und zwar als ein Teil des „Europäischen Systems der Zentralbanken" (ESZB). Sie sind ebenso unabhängig wie die EZB. Diese Unabhängigkeit bedeutet für manche Mitgliedstaaten eine Abkehr von jahrhundertealten Traditionen. In einigen Ländern ist diese Veränderung bereits erfolgt, wie in Frankreich und Spanien.

Unsolide Finanzpolitik trägt jeder Staat selbst

Der Europäischen Zentralbank ist ausdrücklich verboten, Notenbankkredite zur Finanzierung öffentlicher Defizite zu gewähren. Mit dieser strikten Vorschrift, mit ihrer Unabhängigkeit und mit ihrem klaren Stabilitätsauftrag wird die Geldpolitik in der Währungsunion rechtlich und politisch in die Lage versetzt, Versäumnisse und Fehler einer unsoliden Finanzpolitik in einzelnen Mitgliedstaaten nicht ausgleichen zu müssen.[49]

Das Euro-Geld: niemand wird ärmer oder reicher

Spätestens zu Beginn des Jahres 2002 soll mit der Einführung der Euro-Banknoten und Münzen begonnen werden. Nach dem Umtausch verlieren die nationalen Währungen ihre Funktion als gesetzliches Zahlungsmittel.

Keine Vermögensverluste durch den Euro

Durch den Euro werden, zumindest landesintern, keine Vermögensverluste eintreten. Alles Geld wie Bargeld, Sparguthaben, Schulden, Löhne und Gehälter, Renten und Pensionen, Preise und Mieten, Lebensversicherungen und Hypotheken usw. werden mit ein und demselben Umstellungsfaktor, der heute noch nicht bekannt ist, von DM in Euro umgerechnet. Diese Umrechnung ist somit ein rein technischer bzw. rechnerischer Vorgang. Die Zahlen ändern sich, aber der Wert bleibt gleich, weil die Umstellung im gleichen Verhältnis erfolgt.

Wichtig:

Es wird keine Geldentwertung, keine unterschiedlichen Umstellungssätze, kein Kopfgeld, kurz keine Gewinner und Verlierer geben. Niemand wird durch die Umstellung ärmer oder reicher.

Beispiel:

Bei einem Umrechnungsfaktor von beispielsweise 1,90 werden aus 1,90 DM jeweils 1 Euro. Die Umrechnung bedeutet, daß ein Monatseinkommen oder ein Sparguthaben von 1900,– DM nach der Umrechnung 1000,– Euro werden. Kostet zum Beispiel ein Fernsehgerät vorher 1900,– DM, so beträgt sein Preis hinterher 1000,– Euro.

Euro-Umtausch ist keine Situation wie zur Wende

Es verhält sich also nicht so wie nach der Wende, als das DDR-Geld gegen die West-Mark im Verhältnis 1:1 bzw. 1:2 ausgewechselt wurde, obwohl es vielleicht ein tatsächliches Verhältnis von ca. 1:10 gewesen war. Auch wurden zu diesem Verhältnis nur Guthaben auf den Sparbüchern usw. umgestellt, während Einkommen und Schulden anders behandelt wurden. Dies ist beim Euro nicht der Fall, denn es werden Plus und Minus im gleichen Verhältnis umgestellt.

Offen ist noch, ob diese Gleichheit auch im Verhältnis zum Franc, Gulden usw. erfolgt. Zwar werden auch in jedem Land (landesintern) Guthaben und Verbindlichkeiten im gleichen Verhältnis umgestellt, aber auch die Parität zwischen den Landeswährungen muß gewährleistet sein. Erst hinterher wird man sagen können, ob diese Gleichheit gelungen ist.

Alle Verträge gelten weiter

Die Umrechnung von DM in Euro ändert nichts an der Gültigkeit und dem Inhalt bestehender Schuldverhältnisse. So gelten alle Verträge wie Mietverträge, Arbeitsverträge, Darlehensverträge usw. zu den gleichen Bedingungen weiter wie vorher.

Wichtig:

Niemand hat das Recht, wegen der Währungsumstellung bestehende Verträge zu kündigen oder neu aushandeln zu wollen. Insbesondere ändert sich auch nichts an den bei Spar- oder Kreditverträgen vereinbarten Zinssätzen.

Das elektronische Geld: schnellere Zahlungsweise

Bis zum Zeitpunkt der Umstellung werden die Banknoten und Münzen kaum mehr eine wesentliche Rolle spielen, denn das elektronische Geld ist bereits voll entwickelt und bereit zur Markteinführung. Man wartet zur Zeit nur, um dann nicht wieder von der Landeswährung auf Euro umstellen zu müssen. Gleichzeitig mit der Euro-Einführung werden die Computer-Zahlungsverkehrssysteme der Banken auf ein neues, schnelleres System namens TARGET (Trans-European Automatic Real-time Gross Settlement Express Transfer) umgestellt.

Geldscheine und Münzen sind nur noch Wechselgeld

Jeder Laden wird also bald ein Gerät, das ähnlich einer Kreditkarte funktioniert (nur ist es schneller und perfekter), haben, und den Kunden, vor allem den jüngeren Leuten, wird es völlig egal sein, ob auf der Karte, dem Chip usw. Euro oder DM draufsteht. Bis die Geldscheine und Münzen zum Umtausch bereit sind, wird man es kaum mehr, nämlich nur noch als Kassen- und Wechselgeld, benötigen. Der überwiegende Teil aller Geldtransfers wird bargeldlos erfolgen.

3. Die Immobilien-Markterweiterung

Marktwirtschaft und Wettbewerb: oberstes Ziel der Wirtschaftspolitik

Mit dem Vertrag von Maastricht wird die Wirtschaftspolitik aller Mitgliedstaaten auf den „Grundsatz einer offenen Marktwirtschaft mit freiem Wettbewerb“ verpflichtet (Artikel 3 a). Damit wird die soziale Marktwirtschaft nach dem Muster der Bundesrepublik als ordnungspolitisches Leitbild völkerrechtlich in der EU festgeschrieben.

Freier Wettbewerb und freie Marktwirtschaft

Steuerung der Wirtschaft durch den Staat ist „out“

In der sozialen Marktwirtschaft gilt statt eines staatlichen Dirigismus der Wettbewerb als Instrument aller wirtschaftlichen Aktivitäten. Angebot und Nachfrage werden dezentral über Preise gesteuert, die sich auf den Märkten bilden. Dies garantiert Wettbewerb und den Grundsatz, daß das Wirtschaften allein der Steuerung durch die Märkte unterliegt. Die Diskussion, ob eine Steuerung der Wirtschaft durch den Staat nicht den Markt ergänzen sollte, soll endgültig begraben sein.

Gemeinsame Wirtschaftspolitik der Mitgliedstaaten

Die ordnungspolitische Ausrichtung der Wirtschaftspolitik der Mitgliedstaaten wird durch sogenannte Grundzüge der Wirtschaftspolitik festgelegt. Der Rat der Wirtschafts- und Finanzminister verabschiedet sie nach seiner erstmaligen Festlegung im Dezember 1993 seither alljährlich im Juni. Dabei ist ein bisher nicht gekanntes Maß an Übereinstimmung in ordnungspolitischen Fragen innerhalb der Union deutlich geworden. In den verabschiedeten Grundzügen wird die Bedeutung eines von Marktkräften getragenen inflationsfreien Wachstums betont. Neben einer am Ziel der Preisstabilität ausgerichteten Geldpolitik setzt dies verstärkte Bemühungen im Bereich der Konsolidierung der öffentlichen Haushalte voraus. Die Grundzüge richten sich an alle Mitgliedstaaten.[50]

Immobilienpreise werden direkt vergleichbar

Aufgrund des Euro werden die Preise und Märkte unmittelbar vergleichbar. Kostet eine Eigentumswohnung in Paris 350 000,– Euro und eine Eigentumswohnung in München 300 000,– Euro, kann jeder interessierte Investor aller beigetretenen Länder Preise und Umstände direkt vergleichen, d. h., die Eigentumswohnung in München und die Eigentumswohnung in Paris treten in Konkurrenz. Der Euro-Investor kann künftig unmittelbar vergleichen, welcher Immobilie an welchem Standort er den Vorzug geben will. Die bisherigen regionalen Märkte erweitern sich also um die Euro-Beitrittsländer und werden damit vielfach größer!

Zwei neue Immobilien-Märkte entstehen

Die Immobilienmärkte werden eine dreiteilige Struktur erhalten:

Für jeden Immobilien-Investor erweitern sich deshalb die Immobilien-Kapitalanlagemöglichkeiten erheblich. Für ihn stellt sich deshalb künftig die Frage: In welchen Märkten will ich mich engagieren?

Baufinanzierungen auf europäischer Ebene möglich

Hinzu kommt, daß sich auch die Baufinanzierungsmöglichkeiten um die Euro-Länder erweitern. Der Investor ist also nicht mehr nur auf die deutschen Banken angewiesen, sondern kann sich hier ebenfalls auf die europäische Finanzierungsebene begeben.

Der lokale (kleinstädtische) Immobilienmarkt

In der kleinen Gemeinde, egal ob sie in Deutschland, Spanien, Frankreich oder in einem anderen Land liegt, wird sich in bezug auf Immobilien durch den Euro nichts Wesentliches ändern. Das Zahlungsmittel heißt Euro, und das ist alles. Ansonsten werden Immobilienmarkt und Immobilienpreise, wie bisher auch, ganz von der unterschiedlichen, örtlichen Entwicklung bestimmt.

Wichtig:

Preis-Wettbewerb zugunsten des künftigen Bauherrn

Allerdings können die ausländischen Immobilienunternehmen als zusätzliche, regionale Wettbewerber auftreten, zum Beispiel beim Bau und Verkauf von Einfamilienhäusern (siehe Kapitel 7). Wenn ausländische Bauträgergesellschaften zum Beispiel aus Holland oder Dänemark erkennen werden, daß sie Einfamilienhäuser, bei gleicher Qualität, preiswerter und schneller erstellen können als deutsche Firmen, werden sie sicher diese Gelegenheiten wahrnehmen und in ausgewählte Märkte drängen. In diesem Fall wird es zu einem Preis-Wettbewerb zugunsten des künftigen Bauherrn kommen.

Der Euro-Immobilienmarkt

Dies ist der um die Beitrittsländer erweiterte, lokale Immobilienmarkt der Großstädte.

Neuer Wettbewerb der Großstädte

In den Großstädten wird es bald nach Einführung des Euro einen „heißen Tanz um die besten Lagen“ in bezug auf die neuen Anforderungen geben. Grundsätzlich sind in allen europäischen Großstädten alle interessanten Lagen längst besetzt. Aber die Wirtschaftsunion der Euro-Länder wird neue Gegebenheiten hervorrufen, und um diese neuen Anforderungen, zum Beispiel neue Formen von Arbeitsplätzen schaffen, wird ein neuer „Wettbewerb der Großstädte“ einsetzen.

Bevorzugte Standorte könnten in Form einer Quer- und Längsachse eintreten. Zur Querachse dürften Paris und Frankfurt a. M., zur Längsachse u. a. London (nach dem Beitritt von Großbritannien), Hamburg, München und Mailand gehören. Berlin wird hierbei keine wesentliche Rolle spielen, weil Berlin noch viel zu sehr mit sich selbst beschäftigt ist. Das früher berühmte „Berliner Herz" ist noch immer sehr verschlossen. Von welterfahrenen Kaufleuten und weltmännischer Einstellung, die eine solche Metropole braucht, ist in Berlin noch wenig zu bemerken.

Wichtig: Kaufkraft der Bürger einer Stadt und Infrastruktur

Die heutigen Finanzzentren werden auch die ersten expansiven Immobilien-Euro-Märkte bilden. Aber auch alle anderen Städte sind aufgerufen, sich zu bemühen, um im Euro-Markt eine wichtige Position einnehmen zu können. Im Rahmen dieses Wettbewerbs wird die Kaufkraft der Bürger der Stadt eine herausragende Rolle spielen. Äußerst wichtig wird auch die Infrastruktur, insbesondere die internationale Kommunikationstechnik, sein. Weitere Ausführungen folgen in den nächsten Kapiteln.

Die globalen Euro-Dollar-Welt-Immobilienmärkte

Europa: regionaler Verbund von Immobilienmärkten

Wenn dem Euroverbund letztlich rund 15 europäische Länder angehören sollten, wird der Euro neben dem Dollar eine der am meisten verbreiteten Währungen sein. Mit jedem Beitrittsland erweitert sich der regionale Immobilienmarkt, so daß letztlich ganz Europa ein einziger, regionaler Verbund von Immobilienmärkten sein wird. Durch die Verbreitung des Euro wird zum Wettbewerb der Euro-Großstädte der Wettbewerb aller Großstädte der Welt hinzukommen (siehe Kapitel 8).

Unwichtig in diesem Zusammenhang wird das „deutsche" Grundbuch werden, denn die anderen Länder werden es mit Sicherheit nicht einführen. In den überwiegenden Ländern der Welt gibt es kein Grundbuch und keine Vorkommnisse, die die Einführung rechtfertigen würden.

Ohne Grundbuch sind Immobilien-Transaktionen schneller

Es werden sich alle Immobilienleute in Deutschland darauf einstellen müssen, daß es nichtdeutsche Investoren geben wird, denen das Grundbuch unbekannt ist, und die deshalb, und auch aus Zeitgründen, keinen Wert auf die Eintragung in ein Grundbuch, wie es in Deutschland bisher besteht, legen werden. In anderen Ländern ist das Grundbuch schlicht ein amtliches Register, in dem die Notarurkunden aufbewahrt werden.

Empfehlung:

Mit Notar, aber ohne Grundbuch, d. h. nur mit einem amtlichen Hinterlegungsregister, ist der Kauf einer Immobilie wesentlich schneller zu bewerkstelligen! Es sollte deshalb schon jetzt nach Wegen gesucht werden, wie das Grundbuchverfahren so beschleunigt werden kann, daß es keinen Wettbewerbsnachteil darstellt.

Neue Immobilienmärkte

7

Die neuen Immobilienmärkte

1. Wie Sie von den neuen Immobilienmärkten profitieren können

Man stelle sich vor, ein Privatinvestor besitzt ein Immobilien-Portfolio, bestehend aus je einer Eigentumswohnung in Paris, Mailand und München. Die Wohnungen werden je nach Bedarf vermietet oder selbst bewohnt. Oder das Portfolio besteht aus einem Ferienhaus in Spanien, einer „Dienstwohnung" in Frankfurt a. M. und einer „Lifestyle-Wohnung" in Paris. Eine utopische Vorstellung?

Nein, denn ein solches Portfolio ist auch jetzt schon möglich, und einzelne Manager mögen auch über solche oder ähnliche Euro-Immobilien-Portfolios verfügen. Der Euro wird diese Entwicklung wesentlich begünstigen!

Euro-Immobilienpreise werden sich nicht wesentlich verändern

Ausgelöst durch den Euro tritt also eine Markterweiterung ein um diejenigen Länder, die sich dem Verbund anschließen. Alle diese „West-Länder" haben eine gefestigte, von Land zu Land unterschiedliche Immobilienstruktur. Miet-, Bau- und Immobiliensteuergesetze sind meist nicht vergleichbar. Gleich ist allen Großstädten: Die Grundstücks- und Immobilienpreise sind extrem hoch. Daran wird auch der Euro nichts ändern – im Gegenteil: Durch die Umstellung ergeben sich niedrigere Zahlen, und es ist naheliegend, daß Anbieter diese Zahlen nach oben aufrunden und deshalb zunächst Preissteigerungen auslösen werden.

Umgekehrt dürften sich regionale Preissenkungen bei den Einfamilienhäusern ergeben, und zwar durch das Markteindringen der Niederländer und der Skandinavier.

Euro-Einfamilienhäuser sind wesentlich billiger

In Ländern wie Norwegen, Dänemark und den Niederlanden sind die Baukosten niedriger als in Deutschland, vor allem beim Einfamilienhaus. Dementsprechend sind die Eigentumsquoten deutlich höher. Der Anteil des selbstbewohnten Eigentums beträgt in Westdeutschland 40 %, in den Niederlanden immerhin 48 %, in Dänemark 52 %, in Frankreich 54 % und in Großbritannien 68 %. In allen Ländern sind die Einkommens-Baukosten-Relationen niedrig. Die entsprechenden Häuser kosten das Drei- bis maximal Fünffache der Jahreseinkommen.

Das Ersterwerbsalter ist deutlich niedriger als in der Bundesrepublik. Die Eigentumsquote bei 30jährigen beträgt in Großbritannien bereits 30 %, in Deutschland nur 20 %. In allen Ländern mit niedrigen Baukosten haben sich andere städtebauliche Traditionen herausgebildet als in Deutschland. Aufgrund der günstigen Einkommens-Preis-Verhältnisse beim Erwerb von Einfamilienhäusern ist der Anteil der Haushalte, die sich auch in Stadtregionen Einfamilienhäuser leisten können, sehr viel höher als in Deutschland. Der Anteil der Geschoßwohnungen ist dementsprechend niedriger. In der Bundesrepublik beträgt er in den alten Ländern rd. 50 %, in Frankreich 44 %, in Dänemark 39 %, in den Niederlanden 30 % und in Großbritannien nur 19 %. Dabei spielt natürlich auch eine Rolle, daß in den Ländern mit hohem Einfamilienhausanteil und hoher Eigentumsquote auch andere städtebauliche Vorstellungen vorherrschend sind. Die deutsche Vorstellung eines hohen Anteils von „hohen Häusern" in Städten hat sich in den Nachbarländern, zumindest in Holland, Dänemark, Norwegen und Großbritannien, niemals in dem Maße durchgesetzt wie in Deutschland.[51a]

Einflüsse von anderen Euro-Ländern

Wenn man die anderen Euro-Länder in bezug auf Immobilien betrachtet, stellen sich einige Fragen ein, zum Beispiel:

- Warum bauen die Niederländer, Dänen usw. so günstig?
- Wie sehen eigentlich die Immobilienmärkte in Frankreich aus?
- Zieht es die Deutschen weiterhin nach Spanien?

Nicht jedes Euro-Land ist auch in bezug auf Immobilien von Bedeutung. Nachfolgend sollen die aus heutiger Sicht interessantesten Immobilienländer wie Niederlande, Frankreich und Spanien näher betrachtet werden. Ferner wird noch ein Immobilien-Blick auf Schweden, Portugal und Österreich geworfen.

2. Niederlande: das Land des Goudas, der Tulpen und der niedrigen Baukosten

Bauland steht jedem zu

Bauland steht nach niederländischer Mentalität jedem Bürger genauso zu wie Wasser, Energie oder Verkehrsinfrastruktur. Entsprechend diesem Grundrecht stellen die Kommunen den Bauwilligen Flächen zum Selbstkostenpreis, der selten über 200,– DM/m^2 liegt, zur Verfügung. Zu diesem Zweck erwerben die Gemeinden im Wege des „Zwangskaufs" Flächen zum Verkehrswert der bisherigen Nutzung und veräußern sie nach Erschließung. Dadurch fallen die Preissprünge vom Ackerboden zum Bauland vergleichsweise gering aus. Trotzdem trat bisher, obwohl der Anteil der Einfamilienhäuser, wie gewünscht, relativ hoch ist, kein „Landverbrauch" ein, denn die Siedlungsfläche pro Einwohner und m^2 liegt deutlich niedriger als in Deutschland.

Kostengünstiges Bauen

50 % niedrigere Baukosten bei gleicher Wohnqualität

Ebenso sind die Bauwerkskosten, wie schon erwähnt, gegenüber vergleichbaren Häusern in Deutschland wesentlich niedriger! Es werden

- ca. 5 % durch reduzierte Normierungen
- ca. 25 % durch Vereinfachungen (z. B. kein Keller)
- ca. 25 % durch Rationalisierungsmaßnahmen

eingespart. Im Bauablauf herrscht als Organisationsform das sogenannte „Bautaktverfahren", was bedeutet, daß die Arbeiten in einem präzise abgestimmten Bautakt parallel oder unmittelbar hintereinander ausgeführt und gegenseitige Behinderungen weitgehend vermieden werden. In einer frühzeitigen und intensiven Zusammenarbeit zwischen Bauherr, bauausführendem Gewerbe, Architekten und ggf. Fachingenieuren wird in gemeinsamer Arbeit nach gestalterisch guten und ökonomisch tragbaren Lösungen gesucht. Dieses „Bauteam" diskutiert Details der Planung, um zum Beispiel durch Einbeziehung von vorgefertigten Bauteilen kostengünstige technische Konstruktionsmöglichkeiten zu finden. Alle Beteiligten können aus ihrer Sicht Einsparungsvorschläge machen.

Keine Handwerkstrennung und vorgefertigte Bauteile

Auf der Baustelle führt dann zum Beispiel eine Maurerfirma neben den Maurerarbeiten auch die Beton-, Fundament-, Fliesenleger- und Dachdeckerarbeiten sowie das Montieren der Fertigelemente aus. Dabei besteht in den Niederlanden eine breite Angebotspalette vorgefertigter Bauteile. So werden zum Beispiel vorgefertigte, komplette Dächer auf dem LKW zur Baustelle gebracht. Sie sind bereits von innen verkleidet und voll isoliert. Die Dachschrägen sind im Werk bereits vorgefertigt. Ebenso werden Steine „just in time" zur Baustelle gebracht, die bereits auf das geplante Haus abgestimmt sind. Weitere vorgefertigte Bauelemente sind Geschoßdecken, Treppen, Balkone, Laubengänge, Innenwände, Fensterelemente usw.[51b]

Achtung:

Die niederländischen Immobilienunternehmen werden somit mit Sicherheit eine große Konkurrenz für deutsche Immobiliengesellschaften werden, denn man kann davon ausgehen, daß sich die Holländer die Chancen der Markterweiterung nicht entgehen lassen werden.

Niederländische Ferienhäuser

Preiswerte Ferienhäuser an der Küste

Still und leise, im Gegensatz zu den gängigen südlichen Bastionen, haben sich Ferienhäuser im dichtbesiedeltsten Land Europas zu einem Renner entwickelt.[51c] Von Nordrhein-Westfalen mal kurz über die Grenze und von Düsseldorf rund drei Autostunden entfernt, und schon hat man das echte Urlaubsgefühl. Die Städtchen in den Niederlanden sind idyllisch, die Nordsee ist manchmal rauh und wild, und die Strände sind lang und feinsandig.

Die bevorzugte Lage ist der gesamte Nordseestrand, winterfeste Ferienhäuser kosten ab 140 000,– DM, die Grundstückspreise beginnen bei 120,– DM/m^2. Auch für die Vermietung sollen niederländische Ferienimmobilien durchaus interessant sein, denn die Belegungsquote soll gut 20 Wochen im Jahr betragen. Wer in den Niederlanden ein Ferienhaus erwerben möchte, kann dies problemlos tun, wenn man beachtet, daß auch mündliche (Kauf-)Vereinbarungen rechtlich wirksam sind. Andere

Häuser können nur erworben werden, wenn sie als Erstwohnsitz genutzt werden und der Käufer den überwiegenden Teil des Jahres dort verbringt.

Experimenteller Wohnungsbau

Seit 1967: Innovationen im Wohnungsbau

Aber es geht in den Niederlanden nicht nur um Ferienwohnungen. Es gibt zum Beispiel seit 1967 eine Steuerungsgruppe, die die Aufgabe hat, innovative Projekte im Wohnungsbau und in der Pflege älterer Menschen voranzubringen. In bezug auf diesen letzteren Punkt wurden Kriterien für ein Gütesiegel für Seniorenwohnungen veröffentlicht. Dabei geht es um die Bewertung besonders gut gelungener Projekte. In einer Checkliste werden Standards bewertet, wie die Türbreite, Einkaufsmöglichkeiten in der Umgebung usw. Alle Räume der Wohnung werden auf Eignung für Behinderte überprüft und das Wohnumfeld in die Bewertung einbezogen. Dieses Experiment wird als das erfolgreichste in den Niederlanden angesehen.[51d]

Der Immobilienkauf

Zum Kauf zwei Notarurkunden nötig

Der Kauf von Immobilien erfolgt in den Niederlanden ebenfalls ausschließlich über einen Notar, wobei der Kaufvorgang über zwei Urkunden abgewickelt wird. Der „vorläufige Kaufvertrag“ (voorlopige koopakte) gibt die von beiden Seiten vorher getroffenen Vereinbarungen wieder (er ist, obwohl „vorläufig“ genannt, rechtsverbindlich). Diesem Vertrag folgt die eigentliche Eigentumsübertragungsurkunde, „transportakte“ genannt, mit Zahlung des Kaufpreises an den Notar, der die Umschreibung im öffentlichen Register, dem „Kadaster“ veranlaßt.[51e]

Empfehlung:

Wer seine Immobilie zehn Jahre lang mindestens 140 Tage im Jahr vermietet, bekommt die Mehrwertsteuer von 17,5 % erstattet.

Die Maklertätigkeit

Berufsbezeichnung „Makler" ist gesetzlich geschützt

Wer als Makler in den Niederlanden tätig sein will, muß ein Staatsexamen bei der zuständigen Handelskammer ablegen. Die Berufsbezeichnung „Makler" ist gesetzlich geschützt und wird bei bestandenem Examen vom örtlichen Amtsgericht verliehen. Voraussetzung ist ein drei- bis vierjähriges Studium an Spezialinstituten. Wer außerdem auch Mitglied des niederländischen Maklerverbandes NVM (Niederlandse Vereiniging van Makelaars) werden will, muß zusätzlich eine Ausbildung des Verbandes absolvieren.

3. Frankreich: das Land des Champagners, der Austern und der „Immobilienhauptstadt" Paris

Die französischen Immobilienmärkte sind mit den deutschen nicht vergleichbar. Wenn ein Immobilienfachmann von Frankreich spricht, meint er nur zwei Märkte: die Côte d'Azur und Paris, wobei sich die Côte d'Azur bereits auch wieder in die Einzelstädte Nizza und Cannes untergliedert.

Die Côte d'Azur

Luxus an der Côte d'Azur

In den früheren 70er und 80er Jahren gingen die Immobilienpreise stark nach oben, in den Nobelvierteln von Cannes und in den Hügeln des Hinterlandes entstanden Schlösser und Luxusvillen für 5 bis 15 Millionen Mark. Den Höhepunkt der Entwicklung stellten in den 80er Jahren Quadratmeterpreise bis zu 160 000,– Francs dar. Doch dann kam die Rezession. Häuser, die früher für 7 Millionen DM gehandelt wurden, stehen jetzt für 2 bis 3 Millionen DM zum Verkauf.[51f]

Wer heute ein Ferienhaus kaufen möchte, sucht meist unter der Millionengrenze. Damit befindet sich dieser Ferienhaus-Markt im starken Wettbewerb mit Spanien (siehe nachfolgend). Frankreich-Liebhaber, die vor allem das Klima und die Kultur schätzen, zieht es oft in das Hinterland der Côte d'Azur, hauptsächlich in das Dreieck Vence-Mougins-Grasse. An der Meeresfront zwischen altem Hafen und Pointe Croisette sind für ein Appartement zwischen 15 000,– und 30 000,– DM/m² zu bezahlen. Dazu kommt die Kriminalität. In manchen Gegenden gehören sechs bis acht Einbrüche im Jahr zum Standard!

Immobilienmarkt Paris

Das Immobilien-Zentrum ist nur Paris

Der andere große Immobilienmarkt ist Paris mit seinen Einzugsgebieten und Vorstädten. In der Pariser Region wird (wieder) investiert: 1996 wurde das beste Verkaufsergebnis von Neubauwohnungen seit sechs Jahren erzielt. Gekauft werden vor allem kleinere Objekte. 54 % der Franzosen sind, wie erwähnt, heute Besitzer ihrer Wohnung. Die gegenwärtige Situation ist für Käufer günstig. Während man vor fünf Jahren noch 10 % Kreditzinsen bezahlen mußte, liegt heute der Zinssatz für einen Sparkassen-Kredit von 100 000,– Francs mit einer Laufzeit von 15 Jahren bei 7 %. Die Abschreibung für Mietwohnungen liegt zur Zeit bei 10 %, so daß ein Mietobjekt bereits in zehn Jahren steuerlich abgeschrieben ist.[51g]

Pariser Grundstücksmarkt: das Monopol in Perfektion

In Frankreich ist, anders als in Deutschland, das Augenmerk der Investoren hauptsächlich auf eine Stadt gerichtet, und das ist Paris. Und in Paris gibt es kaum einen Grundstücksmarkt, denn die Nachfrage übersteigt das Angebot bei weitem. Während die Verkaufsumsätze 1995 um 11 % zurückgegangen waren, erhöhen sie sich 1996 um 37 %, für 1997 wird ein Plus von 44 % erwartet. Gefragt sind nicht nur Kleinwohnungen, sondern auch gut gelegene größere Appartements, die einen Preis von zwei Millionen Francs und darüber hinaus erzielen. Der Quadratmeterpreis beträgt nach Mitteilung der Pariser Notarkammer im Durchschnitt 15 508,– Francs mit starken Ausschlägen nach unten und nach oben, je nach Arrondissement. Die billigsten Quadratmeterpreise liegen bei 8000,– bis 10 000,– Francs, zum Beispiel im 7. Arrondissement. Für größere Appartements in guten Wohngegenden müssen Käufer rund 2 Millionen Francs und mehr hinlegen. Neben wohlbetuchten Italienern sind es Russen, Belgier, Holländer und vor allem Araber, die gut gelegene, teure Immobilien erwerben.

Der Immobilienkauf

Immobilientransaktionen müssen in Frankreich über einen Notar (notaire) erfolgen, der wiederum der direkten Aufsicht des Justizministeriums unterliegt und zur Unparteilichkeit verpflichtet ist.

So muß der Notar prüfen, ob der Verkäufer die Immobilie überhaupt verkaufen darf, ob Vorkaufsrechte vorliegen und ob die Immobilie beim Conservation des Hypothèques, dem amtlichen Hypothekenregister, belastet ist. Beim Kauf fällt eine Eintragungssteuer von 8,5 % für Wohnimmobilien und 19 % für Gewerbeimmobilien an, beim Verkauf ist der Veräußerungsgewinn mit 33,33 % zu versteuern. Diese Quellensteuer wird gleich vom Notar einbehalten.[51h]

Veräußerungsgewinnsteuer: 33,33 %

Der Immobilienmakler

Für Immobilien-Profis dürfte interessant sein, daß zum Beispiel für die Tätigkeit eines Immobilienmaklers ein spezieller Gewerbeschein, die „carte professionelle immobilier" vorgeschrieben ist, die jährlich erneuert werden muß. Um sie zu bekommen, müssen Abiturienten eine mehrjährige Berufserfahrung als Angestellte(r) eines Notars, einer Wohnungsverwaltungsgesellschaft oder eines Maklers nachweisen. Ein gutes Renommee verschafft ein eigener Universitätsstudiengang für Immobilienmakler, der aber nicht Pflicht ist.

Makler-Gewerbeschein nur für ein Jahr

4. Spanien: das Land des Flamencos der Tapas und der Fincas

Spanien ist in Deutschland vor allem durch den Tourismus und durch die Ferienhäuser bekannt. Jahr für Jahr strömen zehn Millionen Deutsche dorthin. Trotzdem ist nicht jede der 17 „Autonomen" (so heißen die Länder vergleichbar unseren Bundesländern) auf den Tourismus ausgerichtet, denn nicht überall findet man das angenehme Klima.

Urbanisationen werden die typisch spanischen Ferienhausanlagen genannt, die meist komplett erschlossen und wie ein kleines Dorf bzw. eine kleine Stadt für Appartements- und Ferienhausbesitzer gebaut sind. Freizeiteinrichtungen wie Tennis, Golf usw. sowie Restaurants und Shops gehören zum Standard.

Die spanischen Küsten

Top-Preise in den Küstengegenden

Die vermutlich beliebtesten Gegenden sind neben Mallorca, die Costa Blanca, Costa del Sol, Costa Brava und die Costa Dorada. Die Boomzeiten der 80er Jahre sind allerdings endgültig vorbei. Heute werden viele dieser Villen wieder zum Verkauf angeboten. Heute entspricht das Preisgefüge einem klaren Nord-Süd-Gefälle. In Marbella schließlich werden zur Zeit „Platin-Preise" verlangt und bezahlt.[52a] Top-Favorit sind weiterhin die Kanaren, besonders Gran Canaria wird von deutschen Immobilienbesitzern als Winterdomizil bevorzugt, während Teneriffa der Treffpunkt der Engländer ist.

Fincas sind keine „Schnäppchen"

Das Traumwort der Deutschen heißt „finca", was soviel wie Liegenschaft bedeutet, aber auch ein Grundstück, ein Appartement oder eine Villa sein kann. Gedacht wird jedoch oft an einen Landsitz mit altem Baubestand, großen Räumen, Natursteinmauern, üppige Blumenpracht inmitten von mediterranem Landleben, wo man die Seele baumeln und das Leben im südlichen Lifestyle genießen kann. Aber Fincas gehören nicht zu den „Schnäppchen" im Sinne von billigen Immobilien, sondern stellen oft das genaue Gegenteil dar.

Immobilienkauf auch ohne Notar

Kauf per Handschlag ist gültig

Eine Kauftransaktion in Spanien folgt anderen Regeln als in Deutschland. Immobilien-Kaufverträge können formlos, ja sogar mündlich (verbindlich) abgeschlossen werden, und das Eigentum erhält der Käufer mit der Inbesitznahme, zum Beispiel durch Übergabe des Schlüssels. Auf die Eintragung in das Grundbuch, das es auch gibt, kommt es dabei nicht an. Voraussetzung für die Eintragung im Grundbuch (registro de la propiedad) ist, daß der Kauf über einen amtlichen Notar erfolgt und die Steuern bezahlt sind.

Mehrwertsteuer und weitere Gebühren

Apropos Steuern: Der Kauf von unbebauten Grundstücken unterliegt der Mehrwertsteuer von z. Zt. 16 %, bei Gebäuden von 7 %, einer Beurkundungssteuer von 0,5 % und der Grunderwerbsteuer von 6 %.[52b] Und selbstverständlich ist bei einem späteren Verkauf ein Veräußerungsgewinn zu versteuern.

Werden die Deutschen weiter nach Spanien strömen?

Der Trend scheint ungebrochen, er dürfte sich nach Einführung des Euro noch verstärken. 50 000 deutsche Immobilienbesitzer soll es alleine auf Mallorca geben, so daß die Mallorquiner bereits den „Ausverkauf der Insel“ befürchten. Aber auch in den genannten Küstengegenden auf dem Festland dürfte sich, in Anbetracht der zunehmend reisefreudigen Senioren, die Nachfrage nach Ferienimmobilien erhöhen.

Der Immobilienmakler

Die „Maklerkammer“ prüft alle zugelassenen Makler

Makler müssen übrigens in Spanien einen Hochschulabschluß vorweisen. Es gibt eine eigene „Maklerkammer“ (API – Agente de la Propiedad Immobiliaria). Dort wird nur aufgenommen, wer neben diesem Hochschulabschluß eine zweitägige Prüfung absolviert hat. Das Gegenstück zur API ist die GIPE (Gestor intermedarios en promociones de edificaciones). Allerdings tummeln sich in Spanien viele „Wohnzimmermakler“ ohne amtliche Zulassung.

5. Weitere Euro-Länder: Schweden, Österreich, Portugal

Schweden, Österreich und Portugal sind „sichere“ Kandidaten für den Euro-Beitritt und deshalb einen „Immobilienblick“ wert.

Die Schwedenhäuser

Schwedenhäuser: fix und fertig ausgestattet

Bekannt sind die Holzhäuser in Schweden als Fertighäuser, die aus dem Katalog bestellt und innerhalb von drei Tagen bezugsfertig erstellt sind – inklusive Einbauküche, Teppichboden, Heizung, Badezimmer, Einbauschränke, Waschmaschine, Gefrierschrank und Außenlampe. Dabei sehen nicht alle Häuser gleich aus, denn Grundrisse, Balkone, Erker usw. sind frei wählbar. Für den Hausbau spielen Jahreszeit und Wetter keine Rolle, denn alle Teile des Hauses werden in der Halle trocken gefertigt. Sie kosten fertiggeliefert etwa 250 000,– DM (zuzüglich Grundstück), zahlbar bei Bezug.

Österreichische Ferienhäuser und -wohnungen

In Österreich kommt es bei Immobilien auf die amtliche Widmung an. Überwiegend sind, aus deutscher Sicht, Ferienhäuser und -wohnungen gefragt. Zwischen 1971 und 1991 nahm die Zahl des Wohnungsbestandes um insgesamt 27 %, die der Zweitwohnsitze um insgesamt 80 % zu.[52c] Im Bezirk Kitzbühl sind immerhin 28,6 % des Wohnungsbestandes Zweitwohnungen, in Feldkirchen 22 % und in Pinzgau gar 69 %.

Für Ferienimmobilien gelten Landesgesetze, die sehr unterschiedlich sind. Österreich ist hier im Grunde zweigeteilt: Die einen begrüßen die neuen Gesetze, wonach der Bau und Verkauf von Ferienwohnungen und -häusern sehr eingeschränkt wird, die anderen hoffen auf eine Lockerung der Bestimmungen.

Landesgesetze entscheiden

Auf den Nenner gebracht: Im Osten können EU-Bürger kaufen, im Westen ist es schier unmöglich. Tirol zum Beispiel will alles tun, um das Ansteigen und den Kauf und Verkauf von Zweitwohnsitzen zu verhindern. Anders in Salzburg. Dort ist seit dem Oktober 1996 zumindest der Verkauf von bereits gewidmeten Zweitwohnungen (Secondhand-Wohnungen) wieder möglich.

Aufgrund dieser Restriktionen sind die Immobilienmärkte weitgehend zum Erliegen gekommen, und die Preise fallen. Wer nicht in Not ist, sollte einen Verkauf zurückstellen und abwarten.

Farmhäuser und Villen in Lissabon und an der Algarve

Portugal: Immobilien nicht (mehr) billig

Wer Portugal sagt, denkt an Lissabon und an die Algarve. Immer mehr passionierte Golfer kaufen sich an der Algarve eine Immobilie, um dort zu überwintern. Die Verkaufszahlen sind von 1995 auf 1996 um 50 % gestiegen, die Krise der letzten Jahre scheint überwunden zu sein. Wer glaubt, Portugal sei ein armes Land, wird sich über die Preise wundern. Renovierte Farmhäuser sind ab 250 000,– DM zu haben, Villen ohne Meerblick ab etwa 300 000,– DM, Villen mit Meerblick liegen bei etwa 500 000,– DM und Appartements bei etwa 250 000,– DM. Dazu kommen Erwerbsnebenkosten von insgesamt rund 14 %.

Ein ganz anderer Markt ist Lissabon. In den Villenvororten beginnen die Preise für Villen bei 1 Million DM aufwärts.

6. Euro-Immobilien-Trends

Die globale Preisentwicklung der, neben Deutschland, sechs wichtigsten Euroländer läßt sich wie folgt darstellen:

Immobilien-Preisentwicklung[52d]

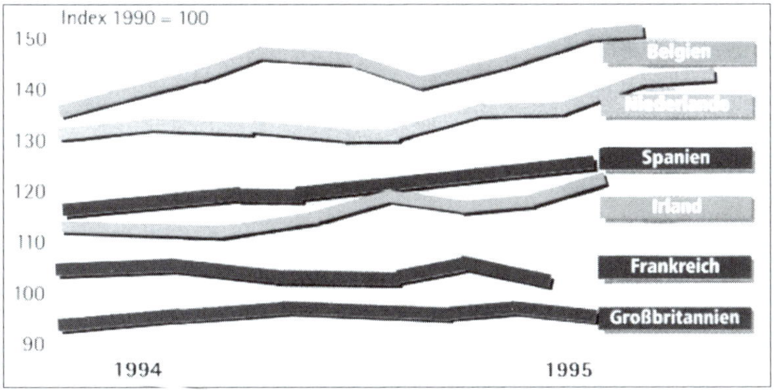

Quelle: European Mortage Federation

Bisheriger Euro-Immobilientrend: Wertzuwachs steigend

Danach verzeichneten Immobilien im Zeitraum 1994 bis 1995 vor allem in Belgien, Niederlande und Spanien einen erheblichen Wertzuwachs. Frankreich hat sich zwischenzeitlich vom dieser Rezession erholt. Es lassen sich folgende Trends erkennen:

Immobilien-Ströme durch den Euro

Trends auf den Euro-Immobilienmärkten

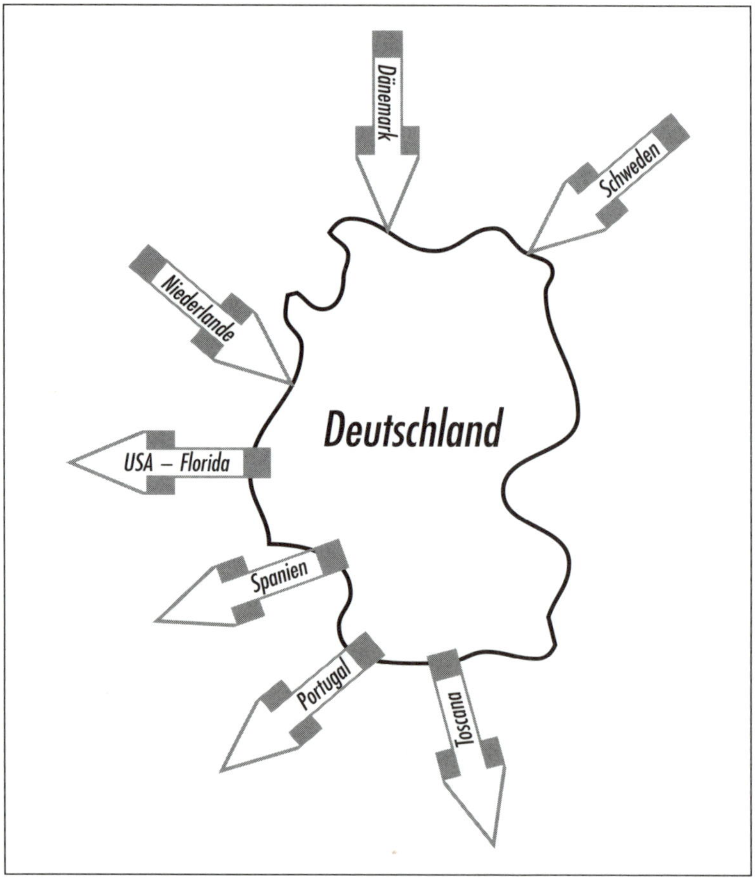

Dänen, Schweden und Holländer werden versuchen, mit ihren ausgereiften Immobilienprodukten, insbesondere Einfamilienhäusern, in die deutschen regionalen Immobilienmärkte einzudringen.

Frankreich, Belgien, Luxemburg bleiben neutral

Frankreich, Belgien und Luxemburg verhalten sich in bezug auf Immobilien „neutral", d. h., sie bleiben im wesentlichen im eigenen Land. Für deutsche Investoren werden sich nur im Einzelfall Möglichkeiten für Kapitalanlagen bieten.

Deutsche Senioren werden sich im größeren Umfang nach Spanien, Portugal (und in die Toscana/Italien) orientieren und dort vor allem Ferien-Immobilien erwerben. Diese Investitionen bleiben eine Einbahnstraße.

Spanier und Portugiesen bleiben im Land

Spanier und Portugiesen werden sich umgekehrt nicht bzw. nicht wesentlich in Deutschland engagieren. Bauweise und Bauqualität sind zu unterschiedlich, sie sind in Deutschland nicht konkurrenzfähig.

USA als Investitionsland beliebt

Außerhalb des Euro wird Florida weiterhin ein beliebtes Investitionsland für Ferien-Immobilien bleiben. Damit sind wir beim Dollar, und in der Tat wird der Wettbewerb zwischen Dollar und Euro eine der spannendsten Entwicklungen werden.

Wohnen und Arbeiten: flexibel und grenzenlos – nur eine Zukunftsvision?

8

1. Der Wettbewerb der Mega-Städte

Die Verdoppelung der Weltbevölkerung, die fortschreitende Globalisierung, die neuen Kommunikationstechniken und die neuen Anforderungen an die Arbeitszeit usw., alle diese Einflüsse werden neue Anforderungen an die Beschaffenheit von Immobilien stellen.

In der Endstufe des Maastrichter Vertrages werden 15 und ggf. mehr europäische Länder dem Euro-Verbund angehören. Damit hat der Euro die Chance, neben dem Dollar an die zweite Stelle als weltweites Zahlungsmittel aufzurücken. Der weltweite Dollar-Transfer soll täglich bei rund 1000 Millionen Dollar liegen, und der Euro könnte eine Annäherung erreichen. Durch die europäische Union ist dann ein einheitlicher Wirtschaftsraum für mehr als 370 Millionen Menschen entstanden – das sind mehr Menschen als in Japan, Nordamerika oder in der früheren Sowjetunion. Gemessen an der Wirtschaftskraft von ca. 12 Billionen DM in 1995 liegt er sogar vor den USA. Mit dem Euro stehen sich dann drei große Bereiche gegenüber:

„New economic game" zwischen USA, Europa und Asien

Von einem „new economic game“ und einem „coming economic battle among Japan, Europe and America“ spricht Professor Lester Turow, ein führender US-Economist[53] – und in der Tat ist dieser Wettbewerb, auch ohne Euro, längst im Gange.

Die Frage wird sein, wie sich Asien verhält. Ob es beim Dollar bleibt, oder ob es hier, vielleicht ausgehend von China, irgendwann später auch eine neue, internationale Währung geben wird.

Fließende Grenzen für Unternehmen

Globalisierung schreitet voran

Große Unternehmen wie Siemens u. a. operieren längst global über die ganze Welt. Überhaupt werden die Grenzen in der heutigen Zeit immer fließender (siehe Tourismus), auch mittelständische Unternehmen, die sich früher nur auf den nationalen Märkten bewegten, fassen immer mehr global auf internationalen Märkten Fuß.

Die neu sich bildenden Unternehmen werden auch keine Mammut-Unternehmen mehr, sondern kleinteilig strukturiert sein. Es wird mehr geschäftliche Partnerschaften geben, kapitalkräftige Investoren werden sich zunehmend an kleinen, innovativen Unternehmen beteiligen.

Internationale Kommunikation

Internationale Kommunikation: bald selbstverständlich

Die neuen Techniken wie Telefax, Internet usw. sind erst der Anfang internationaler Kommunikation, und auch Sprachprobleme werden über die Computertechnologie bald behoben sein. Insofern wird die internationale Kommunikation für viele Unternehmen zum geschäftlichen Alltag gehören. Sie wird sich jedoch nicht (mehr) in Großraumbüros abspielen, sondern „überall“ stattfinden, denn alle Mitarbeiter tragen ihr Handy-Kommunikationscenter ständig bei sich, und man wird dort leben und arbeiten, wo die besten Bedingungen herrschen.

Stadtbevölkerung wird sich verdoppeln

Dies geschieht u.a. auch vor dem Hintergrund, daß die Weltbevölkerung nach einer Prognose der Vereinten Nationen in den nächsten dreißig Jahren um fast die Hälfte zunehmen und ein immer größerer Teil der Menschheit in Städten wohnen wird. Bevölkerungsexperten rechnen mit einer Verdoppelung der Stadtbevölkerung von gegenwärtig 2,6 Milliarden auf 5,1 Milliarden, vor allem in Australien, Nordamerika, Europa und Lateinamerika.

Die Weltbevölkerung im Sog der Städte

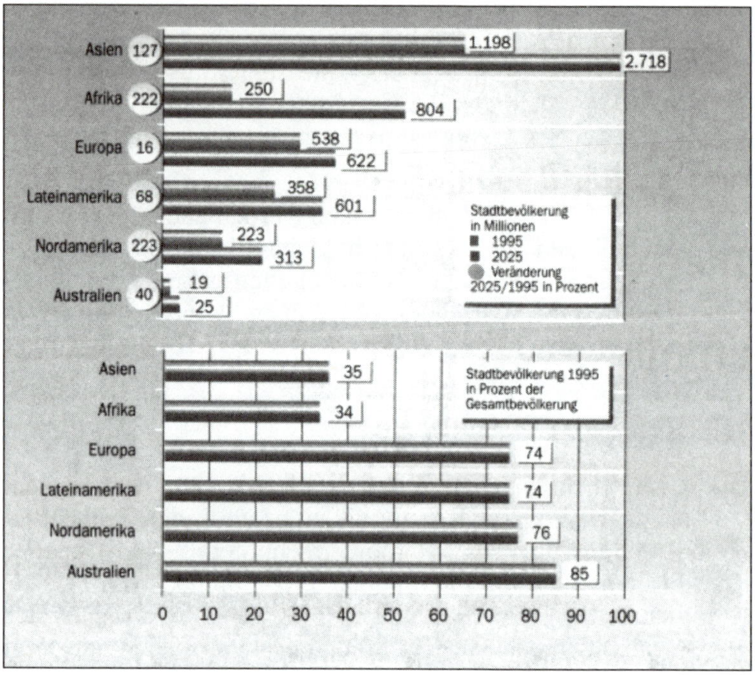

Quelle: Institut der deutschen Wirtschaft in Köln
Ursprungsdaten: UN-Weltbevölkerungsbericht 1996

Wettbewerb der Weltstädte um Arbeitsplätze und Lebensqualität wird sich verschärfen

Es wird somit zwangsläufig zu einem Wettbewerb der „Euro-Weltstädte" mit den „Dollar-Weltstädten" und damit zu einem Wettbewerb der „Euro-Dollar-Megastädte" kommen, und der Übergang wird fließend sein, so daß sich unversehens auch kleinere Städte (wie Universitätsstädte) in dieser Wettbewerbssituation befinden können. Dieser Wettbewerb wird sich automatisch aufgrund wirtschaftlicher Gegebenheiten ergeben, denn alle Städte werden sich im Prinzip um die Arbeitsplätze in den neu entstehenden Firmen bemühen und ihre Lebensqualität, das Umfeld, die Aufgeschlossenheit und Kreativität der Bürger, Freizeitangebote, Finanzverbindungen usw. ins Feld führen.

Entstehen neuer Arbeitsplätze

Zum Verständnis dieser neuen Arbeitsplätze muß man das Wort „Produktion“ neu definieren, und zwar als eine Art „Vermittlungs-Agentursystem“.

Beispiel:

Jemand möchte für eine neue Anwendung einen Computer bauen. Die Einzelteile eines Computers werden mehrfach von verschiedenen Herstellern in verschiedenen Ländern produziert, und das Agentursystem besteht darin, das neue Computerprodukt zu entwickeln, die verschiedenen, vorhandenen Hersteller zu kennen, die passenden Einzelteile zusammenzustellen, einzukaufen und aus diesen Elementen das neue Produkt zusammenzusetzen. Alle diese Tätigkeiten werden jedoch nicht an einem Ort stattfinden, sondern ausgewählte Agenturen werden ihre Leistungen einbringen: eine „Entwicklungsagentur“ in Silicon-Valley entwickelt, die „Testagentur“ in Shanghai baut den Prototyp und testet ihn, die „Montageagentur“ in ... stellt das Produkt schließlich her, das von der weltweit operierenden „Vertriebsagentur“ auf den Weg zum Kunden gebracht wird, mit der die „Verkaufs- und Koordinierungsagentur“ in Frankfurt a. M. vorher entsprechende Verträge abgeschlossen hat.

Neue Arbeitsplätze durch neue Produktionsverfahren

Die Arbeitszeit wird zur „Mobil-Zeit“

Aufgrund der unterschiedlichen Weltzeiten wird es eine „Rund-um-die-Uhr-Erreichbarkeit“, eine „Mobil-Zeit“, geben. Mobilzeit bedeutet, Abstand zu nehmen von den bisherigen (festen) Arbeitszeitmodellen und die Arbeitszeit flexibel nach Bedarf auszurichten. Es kann zum Beispiel sein, daß für Mitarbeiter dreimal in der Woche die Arbeitszeit nachts um drei Uhr beginnt, weil dann der Partner in China am besten zu erreichen ist, und auch vom Samstag abend in den Sonntag hinein zu arbeiten, weil diese Zeit eine günstige Kommunikationszeit mit der Partnerfirma in USA sein kann.

Mobil-Zeit = Rund-um-die-Uhr-Erreichbarkeit

Neue innovative Dienstleistungen

Dienstleistung heißt nicht mehr „dienen"

Auch ein neues Verständnis des Begriffs „Dienstleistungen" ist erforderlich. Bisher wird der Begriff meistens als „dienend" verstanden, oder anders gesagt: der Kunde ist jemand, der sich, im weiteren Sinne, diese Dienstleistung leisten kann (siehe Putzdienste usw.). Die neue Art der Dienstleistung greift ineinander, einer bedingt den anderen, beide sind Partner.

Dienstleister agieren weltweit miteinander, Kunden ordern weltweit und jederzeit

Beispiel: Internet

Ein Dienstleister möchte sein Angebot im Internet anbieten, also braucht er einen anderen Dienstleister (provider), der über das Know-how des Internet verfügt und ihm das alles funktionierend einrichtet. Der Internet-Interessent merkt von diesem zweiten Dienstleister nichts, denn er kommt unmittelbar auf den Anbieter zurück, dennoch würde es ohne den zweiten Dienstleister nicht funktionieren.

Dienstleister 1	→	Dienstleister 2	→	Kunde am Bildschirm

Dienstleister 1 und Dienstleister 2 sind gemeinsam erforderlich, um das Endergebnis für einen Kunden zu erbringen, wobei Dienstleister 1 und Dienstleister 2 (und auch der Kunde) sich nicht am gleichen Ort befinden, sondern weltweit verteilt sein können.

Allerdings suggeriert die „Internet-Magie" große Zahlen von weltweiten Anschluß- und Nutzerzahlen sowie eine größere Akzeptanz, als sie tatsächlich besteht. Bislang beschränkt sich der Nutzerkreis hauptsächlich auf Angehörige von Universitäten, Unternehmen und Institutionen, beruflich-private Doppelnutzer und ausgesprochene Computerfreaks. Diese Zielgruppen sind mit dem Massenmarkt nicht identisch, und es besteht selbst in den USA eine hohe Zahl von Abonnenten, die sich nach kurzer Zeit wieder abmelden, weil das Angebot zu teuer und zu wenig interessant erscheint.[54]

Verstärkter Einsatz von Multimedia

Multimedia: am Anfang der Entwicklung

Es gibt in diesem Zusammenhang noch eine andere Entwicklung, nämlich der geschäftliche Einsatz von Multimedia-Anwendungen, wie Videokonferenzen, Telekooperation, Multimedia-Datenbanken usw. Sie werden sich sicher mit der Zeit durchsetzen und zwar in dem Maße, wie das gesamte Kosten-Nutzen-Verhältnis der jeweiligen Anwendung den konventionellen Problemlösungen überlegen ist.[55]

Voll-Automatisierung von Arbeitsabläufen

Zukünftig: Hausbau vom Roboter

Ferner werden mehr und mehr Roboter die bisherigen Montage- und Handarbeiten übernehmen. Solange es möglich ist, die Software weiter zu entwickeln, wird es auch zunehmend mehr Roboter geben. Statt einem Mauerer wird er (arbeitszeitunabhängig) ein Gebäude mauern und ggf. komplett nach einem eingespeicherten Plan fertigstellen.

2. Die mobile Immobilie: was ist das?

Regionaler Immobilienmarkt kann zugleich international sein

Um diesen Wettbewerb um Arbeitsplätze und Standortvorteile zu gewinnen, bedarf es einer anderen Art von Immobilien, in der diese Arbeitsplätze und die dazugehörigen Wohnformen entstehen können. In bezug auf Immobilien werden vor allem die Business-Immobilien in Euro- und Euro-Dollar-Städten größeren Veränderungen unterliegen. Der regionale Immobilienmarkt wird sich mit den internationalen Connections überlappen, also regionaler und internationaler Markt zugleich sein. Die Immobilie wird sich zum „mobilen Produkt mit zeitbezogener Nutzung“ entwickeln.

8 Wohnen und Arbeiten

Neue Ideen und Konzepte sind notwendig

Mobile Immobilien: stationäre und mobile Nutzungen möglich

Das alte Bürohaus ist „out“, die „Wohnung für's Leben“ ist nicht mehr gefragt. Auch das „Industriegebiet“ gibt es bald nicht mehr! Gewerbeparks brauchen ein neues Konzept. Einkaufszentren bekommen weniger Kunden, weil das „Kaufen am Bildschirm“ sich zunehmend verbreiten wird. Überhaupt wird der neue Berufstätige seine Wohnung weniger oft verlassen, denn er wird über die Kommunikationstechnik mit seiner Firma verbunden sein und Teile seiner Arbeit, wie auch seiner sonstigen Interessen, von zu Hause aus erledigen.

Andererseits ist er sehr mobil, viel auf Reisen usw., jedoch aufgrund der Kommunikationstechnik stets erreichbar. Die Wohnung und der Arbeitsplatz werden sich gemäß diesen neuen Anforderungen zur „mobilen Immobilie“ fortentwickeln.

Flexibles Wohnen und Arbeiten

Die „mobile Immobilie“ ist äußerlich eine stabile Hülle, während im Innern Wohnen, geistiges Arbeiten, manuelles Arbeiten (Produzieren), Vergrößern und/oder Verkleinern der Flächen usw. möglich ist.

Wohnräume mit virtuellem Büro

Für die neue Immobilie ist zum Beispiel vorstellbar, daß sie einen wabenähnlichen Grundriß hat. Die einzelnen Waben-Einheiten werden, je nach aktuellem Mieter, entsprechend seinen Anforderungen ausgestattet und nach dem jeweiligen Raumbedarf mit den anderen Waben verbunden. Es ist auch vorstellbar, daß es „Gebäude für geistiges Arbeiten“ gibt, die aus „Wohnräumen mit virtuellem Büro“ bestehen.

Fertigelemente und wenige Handgriffe ergeben eine andere Nutzung

Ebenso könnte es eine Anordnung von Arbeitsräumen (Büros) geben, wobei eine Tür die Tür zur eigenen Wohnung ist, die sich unmittelbar dahinter (darüber oder darunter) befindet. Wird eine größere Bürofläche benötigt, wird die bisherige Wohnung in andere Räume umgeräumt, ein paar Elemente werden umgesteckt, und damit ist der Fall erledigt. Wird für einen neuen, zusätzlichen Mitarbeiter ein Appartement benötigt, werden die vorhandenen Büroräume durch ein paar Elemente verändert, so daß ein Appartement entsteht. Das Bad wird in Form von Fertigelementen mit wenigen Handgriffen installiert. Die „zeitbezogene Nutzung“, wie eben Räume gebraucht werden, steht dabei im Vordergrund.

Ebenso ist es vorstellbar, daß es „Gebäude für manuelles Arbeiten“ gibt, die diesen Anforderungen gemäß ausgestattet werden können. Auch die Verbindung von manuellem und geistigem Arbeiten (in einem Gebäude) dürfte nach wie vor erwünscht sein.

3. Lebenslange Mobilität des Menschen

Mindestens vier Umzüge im Leben

In bezug auf das Wohnen dürfte die „lebenslange Wohnung“, d.h. die Wohnung, die einmal ausgewählt und ein Leben lang beibehalten wird, in den Euro- und Euro-Dollar-Städten mehr und mehr zur Ausnahme werden. Der künftige erwachsene Mensch wird in seinem Leben mindestens vier Wohnungen beziehen.

Die Studentenwohnung

Die „Studentenbude“ wird das Quartier der jungen Leute bleiben, die in einer anderen Stadt studieren oder dort eine Lehrstelle antreten. Dabei kommt es den jungen Leuten auf eine ruhige und doch stadtzentrale Lage an, der Komfort ist nachrangig. Wichtig ist eine günstige Miete!

Die Zwei-Single-Wohnung

Die größte Gruppe: Zwei-Single-Wohnung

Der Wunsch, eine eigene, „vernünftige“ Wohnung zu beziehen, wird spätestens, wenn ein eigenes Einkommen vorhanden ist, einer der ersten Wünsche von jungen Leuten bleiben, wobei in sehr vielen Fällen zwei Personen zusammenziehen werden, d. h., zwei eigentliche Singles beziehen gemeinsam eine Wohnung: die Zwei-Single-Wohnung.

Wohnen auf Zeit

Diese Wohnung ist anders als die bisherige Zwei-Zimmer-Wohnung, denn jeder Single hat auch seinen eigenen Bereich, in den er sich zeitweise zurückziehen kann. Außerdem können die Singles problemlos (gegen Bezahlung) Dienstleistungen abrufen für Dinge oder Tätigkeiten, die sie nicht selbst ausführen können oder wollen. Die Single-Wohnung ist auch von Vermieterseite bereits so ausgestattet, daß sie vom Mieter ohne allzu große Anschaffungen bezogen werden kann, denn die Mobilität steht an erster Stelle. Der Mieter will sich auch nicht „auf Ewigkeit" in dieser Wohnung einrichten, denn möglicherweise erhält er morgen ein interessantes, neues Arbeitsplatzangebot oder er verträgt sich mit dem anderen Single nicht mehr oder es gibt auf einmal ganz andere Perspektiven.

Die Wohnung mit virtuellem Büro

Jede größere Wohnung inkl. virtuelles Büro mit Medienanschlüssen

Haben sich Partnerbeziehungen von jungen Leuten gefestigt und ist vielleicht ein Kind geplant, wird die eigene „Familienwohnung" auf der Wunschliste stehen. Allerdings muß diese Wohnung einige besondere Bedingungen erfüllen, die insbesondere mit dem Grundriß zusammenhängen: Es sollte Wohn-, Schlaf- und Arbeitsbereiche geben, wobei unter „Arbeitsbereich" nicht die Küche zu verstehen ist. Auch das bisherige „Arbeitszimmer" ist „out". Das neue Arbeitszimmer ist ein „virtuelles Büro", das durch eine Treppe oder in einer deutlichen Form von der übrigen Wohnung getrennt (und doch verbunden) und mit allen Kommunikationsmitteln ausgestattet ist. Es hat also entsprechende Medienanschlüsse, so daß bei Bedarf Teile der Berufstätigkeit in diesem virtuellen Büro in Ruhe ausgeübt werden können oder sich auch andere Familienmitglieder in dieses Büro zu einer Arbeit zurückziehen können.

Die Zwei-Single-Senioren-Wohnung

Scheiden Menschen aus dem Berufsleben aus, interessiert sie vermutlich das „virtuelle Büro" nicht mehr. Außerdem ist die Wohnung zu groß, und deshalb steht nun eine Veränderung in die kleinere „Zwei-Single-Senioren-Wohnung" an. „Zwei-Single" deshalb, weil es sich wieder um zwei Personen handelt, die aufgrund von Trennung, Scheidung, Veränderung der Lebensumstände usw. im Singlezustand sind oder waren und nun gemeinsam einen neuen Lebensabschnitt beginnen.

Neuer Marketingbegriff für „Senioren"

Dabei ist für das Wort „Senioren" ein neuer (Marketing-)Begriff zu finden, der vor allem die neuen Bedürfnisse dieser Zielgruppe besser berücksichtigt. Schließlich umfaßt dieser Lebensabschnitt eine Zeit von ca. 25 Jahren, nämlich von Mitte/ Ende Fünfzig bis zum Tod. Diese „jung-gebliebenen" Bewohner können länger verreisen, und in dieser Zeit werden die Blumen gegossen, die Katze oder der Hund betreut, und auch sonst brauchen sich die Bewohner, wenn sie es möchten, um nichts zu kümmern; sie können aber auch selbst aktiv sein bzw. bleiben und alle Medienangebote nutzen. Diese Wohnung ist jedenfalls auf die neuen Lebensumstände, also insbesondere auf die Bedürfnisse älter werdender Menschen, ausgerichtet.

4. Mehrwertdienste von Immobilien

Mehrwertdienste vom Wohnzimmer aus – rund um die Uhr

Um mit dieser lebenslangen Mobilität mithalten zu können, muß jede Immobilie in Kürze über sogenannte Mehrwertdienste verfügen. Es bedeutet, daß, über das Wohnen und Arbeiten hinaus, in jeder Immobilie Dienstleistungen der verschiedensten Art, die von lokalen oder internationalen Netzbetreibern angeboten werden, abgerufen werden können. Mehrwertdienste könnnen zum Beispiel sein:[56]

Mehrwertdienste	
Melden/Überwachen • Gefahrenmeldesystem • Bewegungsmelder • Füllstandsanzeige • Wassereinbruch • Gebäudeüberwachung • Medizinische Überwachung • Notruf- und Sozialdienst • Nachrichtenübertragung	**Messen** • Ökomesser • Emissionswerte • Stromverbrauch • Lautstärke • Füllstände, z. B. Heizöl • Klima • Wetterstation

Sichern	(Fern-)Schalten
• Türen • Fenster, z. B. mit Lichtschranke • elektronische Schlüssel • Tresore • Rolltreppen • Fahrstühle • Parkhaus	• Umschalten auf Ersatzstromversorgung • Ein-/Ausschalter z. B. für Licht • Zählwerkumschaltung, z. B. Strom, Wasser • Verbraucher im Haus • Sprinkleranlage • Feuerlöschanlage
Steuern • Beleuchtung • Temperatur, z.B. Zeitsteuerung • Jalousien • Inbetriebnahme zu wechselnden Zeiten für unterschiedliche Dauer, z. B. Licht während des Urlaubs	**Regeln** • Beleuchtung • Haustemperatur • Temperatur im Kühl-/Gewächshaus • Lautstärke
Messen • Windmesser • Temperatur • Luft-, Wasser- und Öldruck	**Zählen** • Signale erfassen und übertragen • Stromzähler • Wasserzähler • Gaszähler • Wärmezähler

Für solche Service-Provider geht es darum, auf lokaler und regionaler Ebene diese neue Wertschöpfungsstufe zu besitzen, d. h. Dienstleistungen anzubieten. Für Immobilienbesitzer geht es darum, im eigenen Interesse solche Netzinstallationen zu betreiben und zu fördern. Folgende Programmangebote sind heute schon denkbar:

Neue Chancen für Vermieter mit mediatauglichen Ausstattungen

Überblick: digitale Medien
Programm- und Dienstleistungsangebote

- „klassische“ TV-Vollangebote
- TV-Spartenprogramme (frei oder Pay-TV)
- TV mit neuen Entgeltformen (pay-per-view)
- TV mit verbesserter Bildqualität (evtl. gegen Zusatzentgelt)
- Tele-Shopping
- Neue TV-Formen (Multi-Kanal, Multi-Perspektiv-Programme)

- Video on Demand
- Bildungsprogramme auf Abruf
- Video-Spiele online
- Data-Broadcast (Videotext, elektronische Zeitung)
- Tele-Banking
- Bildtelefon, Videokonferenz
- Telearbeit

Diese Angebote sind erst der Anfang der Entwicklung. Alle diese Veränderungen sind neue Chancen. Ein richtiger Innovationsschub in der Immobilienwirtschaft aber würde entstehen, wenn endlich und tatsächlich die im Vertrag von Maastricht vorgesehene Marktwirtschaft auch in der Immobilienwirtschaft eingeführt werden würde.

Die Reform der Immobilienwirtschaft

9

Reform

1. Warum die Immobilienwirtschaft grundlegend reformiert werden muß

85 Jahre Staatslenkung sind genug

Es dürfte deutlich geworden sein, daß wir in einer Zeit gewaltiger Veränderungen leben und es dringend notwendig wird, die Immobilienwirtschaft diesen Veränderungen anzupassen und sie „fit für den Wettbewerb" zu machen. Der Staat und die ihn vertretenden Behörden haben 85 Jahre lang „die maßgebliche Rolle" gespielt. Für die weitere Entwicklung wäre es verheerend, wenn die Einstellung weiterhin bestehen bleiben würde, die Immobilienwirtschaft in der alten Form „lenken" zu wollen.

Wie schon kurz erwähnt, hat die Regierung in 45 Jahren immerhin schon dreimal in Regierungserklärungen geäußert, die Immobilienwirtschaft in die Marktwirtschaft überführen zu wollen (siehe Kapitel 3). Zum Handeln hat es bis heute nicht gereicht. Die jetzt anstehende Konvergenzzeit zur Wirtschafts- und Währungsunion wäre eine günstige Gelegenheit, zur Tat zu schreiten.

Die Bundesregierung wäre gut beraten, das Baurecht (für die Bauphase 1) und das Mietrecht (für die Bestandsphase 2), das System der öffentlichen Wohnungsbauförderung und die Organisation der Immobilienbranche zu reformieren.

2. Reformgrundsätze und Ziele

Weg mit der „Überregulierung"

Die Reform sollte vor allem eine „Entrümpelung" sein. Zwei Haupt-Rechtsgebiete, das Baurecht und das Mietrecht, sollten in „existenzielle" und „nicht existenzielle" Regelungen unterteilt werden, wobei die nicht existenziellen Vorschriften dem Wunsch des Bauherrn (= Vertragsrecht) zugeordnet werden sollten.

Beispiel:

Treppenstufe 17,5 cm oder 12 cm hoch? – Diese Entscheidung über die Höhe sollte beim Bauherrn liegen. Wenn er eine Treppenstufe mit 12 cm Höhe wünscht, weil ihm ein anderes Maß aufgrund seiner

Gehbehinderung – oder aus welchen Gründen auch immer – zu hoch ist, warum soll dies nicht problemlos möglich sein? Es kann nicht Sinn der Behörde bleiben, Verantwortung für Details einer Bauausführung, die sie nicht geplant hat, und mit der sie ja auch nach dem Bau nichts zu tun hat, zu übernehmen und Sanktionen auszusprechen.

Wichtig:

Bauträgern sollte die Möglichkeit geboten werden, eigene Produktionsverfahren zu entwickeln, sie zur Vertragsbedingung machen zu können und dafür die Verantwortung zu übernehmen, ähnlich, wie es auch bei anderen Wirtschaftsprodukten der Fall ist.

Bauträger: eigene Produktionsverfahren entwickeln

Ausgehend von dem Grundsatz, daß jeder Immobilienmarkt ein regionaler Markt ist, ist für jeden regionalen Immobilienmarkt die Kommune zuständig. Sie kennt sich aus und sie entscheidet. Der Bürger hat wiederum über die Kommunalwahl den Einfluß auf Entscheidungen. Übergeordnete Planungen obliegen Land und Bund, wobei das Bundesbauministerium eigentlich überflüssig ist. Es war ursprünglich, das ist nachzulesen, auch nur auf Zeit geplant, nämlich bis die dringendste Wohnungsnot beseitigt ist; es hat sich aber bis heute erhalten, obwohl es derzeit kaum Enfluß hat, denn

Bundesbauministerium: künftig noch nötig?

- das Geld kommt vom Finanzministerium
- das Recht wird im Justizministerium geschaffen
- die Unternehmen sind dem Wirtschaftsministerium zugeordnet.

Lediglich die (übergeordnete) Raumordnung ist eine wichtige Einrichtung. Dabei sollte es bleiben, so daß die Raumordnung dem Bund und alle weiteren Planungen den Ländern obliegen sollten.

Raumordnung: eine wichtige Einrichtung

Neue Aufgaben für die Kommunen

Im Bereich des (regionalen) Bauplanungsrechts sind verschiedene Planungsfestlegungen nicht mehr notwendig, wie es zur

Zeit der Fall ist; es genügt ein verbesserter Flächennutzungsplan, aus dem die Kommune bei Bedarf und im Einzelfall Ausführungspläne entwickeln oder entwickeln lassen kann. Um die Monopolstellung des Grundstückseigentümers zu verändern und die erwähnten Preissprünge abzuschwächen, sollte im Prinzip im Anschluß an eine vorhandene Bebauung überall weitergebaut werden können. Die Bauordnungsbehörde prüft (nur noch), jedoch in einem verbesserten Umfang, die Umweltveränderungen, indem sie sich die Frage stellt: In welcher Art und Weise werden durch dieses beantragte Bauprojekt die Umweltbedingungen, insbesondere Nachbarschaft, Wasser, Abwasser, Müll, Ruhe usw. beeinträchtigt?

Aufgrund der Komplexität und um die Bürokratie zu verringern, sollte den Behörden die Teamarbeit vorgeschrieben werden.

Änderungen im sozialen Wohnungsbau

Sozialer Wohnungsbau sollte nicht Immobilien, sondern „Lebensumstände" unterstützen

Eine „Generalumkehr" ist in bezug auf die öffentliche Förderung des sozialen Wohnungsbaus erforderlich. Ob erster, zweiter oder dritter Förderweg, alle drei sind keine Förderwege, sondern „Holzwege" geworden. Der neue soziale Wohnungsbau sollte nicht auf die Wohnung, das sogenannte „Objekt", sondern auf einen bestimmten, förderungsnotwendigen Lebensabschnitt des zu Fördernden abgestellt werden. Öffentliche Zuschüsse oder auch Steuerabschreibungen sollte es nur geben, soweit das Land entsprechende regionale Immobilienmärkte und Lebensumstände hierzu vorgesehen hat.

3. „Ein neues Baurecht braucht das Land"

Das Baurecht, das überwiegend für die Bauphase gilt, „mauert" regelrecht alle Initiativen ein.

Gute Vorschläge für das neue Baugesetzbuch ...

Das neue Änderungsgesetz des Baugesetzbuches ist wohl auf dem richtigen Weg, aber es ist nur ein winziger, ein viel zu kleiner Schritt. Die Vorschläge lesen sich gut:

- Zusammenführung bauplanungsrechtlicher Vorschriften
- Vereinfachung des Bauplanungsrechts
- Abschaffung der (Grundstücks-)Teilungsgenehmigung
- Stärkung der kommunalen Planungshoheit durch Reduzierung staatlicher Kontrolle
- Stärkung der Region als räumlicher Handlungsebene
- Zusammenarbeit der Gemeinden mit Investoren
- zügige Durchführung der Rechtsschutzverfahren

Aber das, was letztlich im Gesetzestext vorkommt, ist zu bescheiden, um es „Reform“ nennen zu können.[57]

... aber zuwenig für eine Reform

In Deutschland sitzt der genannte „Lenkungsgedanke“ nach wie vor viel zu tief im Kopf/Bewußtsein. Dies ist auch im Städtebaulichen Bericht 1996 der Bundesforschungsanstalt für Landeskunde und Raumordnung zum Thema Baulandangebot nachzulesen: „Will man etwa die Zwischenräume von Besiedelung freihalten, ist dort die Baulandausweisung zu unterbinden. Dafür ist aber an anderer Stelle ein entsprechendes Angebot bereitzustellen, um die Nachfrage von den unerwünschten auf die erwünschten Standorte umzuorientieren. Diese Lenkung der Nachfrage durch eine räumliche Steuerung des Angebots muß aber durch eine preisliche Nachfragelenkung ergänzt werden, um Qualität und Intensität der Nachfrage zu beinflussen ...“[58]

„Staatslenkung“ muß raus aus den Köpfen

Von solchen Lenkungsgedanken gilt es schnellstens Abschied zu nehmen.

Weiterentwicklung zum Struktur-Flächennutzungsplan

Die im Bauplanungsrecht verankerte Idee des Flächennutzungsplans ist wirklich lobenswert. Dieser Flächennutzungsplan sollte als kommunaler „Strukturplan“ weiterentwickelt und von der Gemeinde bei Bedarf tiefergehender modifiziert werden können.

Grundstücke dürfen kein Monopol haben

Der Bebauungsplan bzw. die Notwendigkeit des „Ausweisens von Bauflächen“ in der bisherigen Form sollte dagegen abgeschafft und durch einen einzigen „Struktur-Flächennutzungsplan“ ersetzt werden. In diesem Plan setzt die Gemeinde für sich die Entwicklung des Gemeindegebietes fest, dabei müssen vor allem grundsätzliche Lösungen für die Umweltkriterien wie Wasser, Abwasser, Müll und Verkehr noch stärker einfließen.

Entwicklungspläne vom Investor

Detailpläne nur bei Großobjekten

Es sollte der Kommune überlassen bleiben, ob sie ggf. bei Bedarf – und nur in diesem Fall – Detailpläne entwickelt oder sich bei festgelegten Gebieten vorbehält, sich vom Investor einen Entwicklungsplan (ähnlich dem Vorhaben- und Erschließungsplan) vorlegen zu lassen. Dies kann zum Beispiel bei innerstädtischen Sanierungen und größeren Neubauprojekten sehr wichtig sein. In England ist es üblich, daß private, unternehmerische Projektentwicklungsbüros Gebiete komplett mit Infrastruktur einschließlich Kirche, Schule und Altenheim entwickeln. Warum sollte dies nicht auch in Deutschland möglich sein? Es liegt beim Projektentwickler des Investors, bei der Kommune vernünftige und überzeugende Vorschläge einzureichen.

Wichtig:

Wettbewerb zwischen Grundstücksbesitzern ist dringend notwendig

Durch den Vorschlag, daß anschließend an eine vorhandene Bebauung weitergebaut werden kann, sofern der Strukturplan der Kommune nichts Gegenteiliges aussagt, vermehrt sich das Grundstücksangebot gewissermaßen „automatisch“, weil die Einschränkung des „Ausweisens“ entfällt. Damit wird die Monopolstellung des bisherigen Eigentümers ganz oder teilweise aufgehoben, was, nach den Gesetzen der Marktwirtschaft, zu Wettbewerb und damit in der Regel zu fallenden Grundstückspreisen führt.

Neue Verfahrenswege für Bauanträge: schnell und unkompliziert

Behörden müssen im Team Umweltfragen bearbeiten

In bezug auf Bauanträge sollte das komplette Genehmigungsverfahren „auf den Kopf“ gestellt werden, weil es zu bürokratisch ist. Dies gilt vor allem für das Verfahren, daß die Stellungnahme der „Träger öffentlicher Belange einzuholen" ist. Dieses Verfahren ist pure Bürokratie. Alle Behörden müßten verpflichtet werden, im Team zu arbeiten und Bauanträge im Prinzip in einer gemeinsamen Sitzung in kurzer Zeit zu verabschieden.

Die Baugenehmigungsbehörde prüft dabei vor allem Umweltfragen, d. h., es stellt sich die Frage: Welche Folgen hat dieses Projekt (bei Nutzungsänderungen entsprechend die neue Nutzung) in bezug auf Abwasser, Müll, Verkehr, Lärm und umgebende Bebauung, Nachbarschaft usw.? Anhand des „Struktur-Flächennutzungsplans" hat die Baugenehmigungsbehörde bereits die Vorgaben zum vorgelegten Projekt.

Ökologische Projektplanung durch den Investor

Pflichtübung für Investoren

Jeder Investor sollte verpflichtet werden, sich bei der Projektplanung selbst mit Umweltfragen zu beschäftigen und im Projektantrag hierzu Stellung zu nehmen, d. h. Vorschläge vorzulegen, wie er die auftretenden Probleme zu lösen gedenkt.

Beispiel 1:

Ein Investor plant ein Einkaufszentrum. Problembereiche sind: Autoverkehr (Lieferanten, Kunden) und damit verbundener Lärm, Müllbeseitigung, Wasser, Abwasser, Strom. Dazu sind mit dem Projektplan Lösungsvorschläge einzureichen.

Umweltauflagen seitens der Behörden

Die Behörde prüft diese Angaben und legt die Umweltfragen als Auflagen fest. Die beteiligten Behörden müssen zur Teamarbeit verpflichtet werden, über jeden Bauantrag muß gemeinsam in kurzer Frist, die sich nach der Größe und Bedeutung des Objektes richtet, in einem einzigen Verwaltungsakt entschieden werden, so daß der Investor schnell Bescheid erhält, ob sein Projekt zur Durchführung kommen kann.

Beispiel 2:

Die Kommune legt im Strukturplan fest, daß sich die Nordstadt als Wohngebiet weiterentwickeln soll. Ein Investor reicht nun einen Bauantrag für „Wohnungen mit virtuellem Büro" ein.

Innovationen dürfen nicht an der Bürokratie scheitern

Die Bauordnungsbehörde prüft nun im wesentlichen folgende Punkte:

- Wird der Nachbar durch virtuelle Büros oder die Art des Gebäudes beeinträchtigt?
- Welche zusätzlichen Auswirkungen haben virtuelle Büros (denn Wohnungen sind ja vorgesehen) auf Wasser, Abwasser, Müll, Verkehr usw.?

Alle zuständigen Behörden treffen sich nun im Team, vergleichen die vorliegenden Aussagen des Investors und der Gemeinde mit den eigenen Erkenntnissen und entscheiden schließlich über den Projektplan.

Rationellere Verfahrensweise beim Bauen

Kostengünstigeres Bauen gefordert

Ist diese Genehmigung erteilt, wird von der Baugenehmigungsbehörde der Umfang der Genehmigung, die Einhaltung der Auflagen und die Baustabilität (Statik), nicht aber die innere Bauausführung des Gebäudes geprüft. Das Bauordnungsrecht, das regelt, „wie" gebaut werden soll, sollte eine Sache des Vertragsrechts werden. Gemäß den Vorschlägen zum kostengünstigen Bauen, und um künftig im europäischem Wettbewerb bestehen zu können, muß den Unternehmen die Möglichkeit geben werden, eigene, rationelle Verfahren des Bauens zu entwickeln und umzusetzen.

Diese neue Wettbewerbssituation wird in kurzer Zeit Qualitätsnormen als Verkaufsargument hervorrufen. Der Wettbewerb unter den Anbietern wird mindere Qualität ausscheiden.

Empfehlung:

Der Bauherr/Kunde ist durch das Schadenersatzrecht ausreichend geschützt. Nur für die „äußere Hülle", also für die Stabilität des Gebäudes, sollten gewisse Normen gelten, alle Einbauten und Einrichtungen aber sollten eine Sache der individuellen Vereinbarung sein. Für diese Verträge muß

Klarheit, Verständlichkeit und Übersichtlichkeit rechtlich vorgeschrieben werden; der Bauherr muß, in einfacher Sprache dargelegt, wissen, welche Leistungen er erhält.

Wichtig:

Niedrigere Preise bringen neue Wachstumspotentiale

Alle diese Maßnahmen haben (nur) ein Ziel: Durch Kostensenkung niedrigere Bau- und Immobilienpreise zu erreichen, und damit für viele Bauinteressenten Häuser und Eigentumswohnungen erschwinglich zu machen. Wachstumspotentiale sind vor allem beim selbstgenutzten Wohneigentum vorhanden, da die im internationalen Vergleich niedrige Wohneigentumsquote Deutschlands auch auf die hohen Kosten zurückzuführen ist. Das belegen wissenschaftliche Untersuchungen: Zum Beispiel könnten sich jährlich etwa 100 000 Mieter im Alter von 25 bis 39 Jahren Wohneigentum leisten, falls die Objektpreise auf 300 000,– DM abgesenkt würden.[59]

Achtung:

Diese genannten Änderungen bringen für Architekten eine erhebliche Ausweitung ihrer Pflichten, und es liegt an ihnen, professionell zu arbeiten.

4. Baustellenorganisation und Handwerker-Reform

Wenn also die beteiligten Behörden die gewünschte schnelle Entscheidung treffen, muß sich dieses Tempo auch auf der Baustelle fortsetzen.

Weniger Gewerke durch vielseitig geschulte Facharbeiter

Vier bis fünf Gewerke reichen in Norwegen oder in Dänemark aus, ein Wohngebäude herzustellen. Warum sollte dies nicht auch in Deutschland gelingen, wenn der Staat den entsprechenden Freiraum schafft? Dazu gehören der Einsatz von Baustellentechnologien und vielseitig geschulte Baufacharbeiter. Nur so können vielfältige und kostengünstige Bauweisen entstehen, die sich in „bezahlbare Preise für jedermann“ auswirken.

Warum sollte nicht ein Baustellenroboter mauern und der Maurer der Facharbeiter werden, der für das Material zuständig ist, den Roboter einstellt, beaufsichtigt und zugleich im Bauteam andere Arbeiten ausführt? Überhaupt ist Teamarbeit angesagt. Die Niederländer machen es vor, wie es geht. Und wenn sich die deutsche Bauwirtschaft darauf nicht einstellt oder nicht einstellen kann oder darf, wird die niederländische Baufirma auf einem Baugrundstück in Deutschland bereits mit dem Einfamilienhaus fertig sein, während die deutschen Handwerker noch immer am Rohbau „herumbasteln". Und dieser Umstand wird die Situation des Bauhandwerks noch viel stärker verschärfen, als dies derzeitig durch die billigen Ost-Handwerker der Fall ist!

5. Die Reform des Mietrechts: Klarheit, Verständlichkeit, Überschaubarkeit

Ohne Änderung des Mietrechts: keine Investoren

Ein heißes Thema ist natürlich das Mietrecht, denn der Mieterbund wird sich bei einer Reform, bei der gewohnte Besitzstände aufgegeben werden sollen, heftig wehren. Letztlich aber ist der Mieterschaft insgesamt nicht gedient, wenn keine Wohnungen mehr gebaut werden. Der Staat jedenfalls kann diese Aufgabe nicht übernehmen. Und warum sollte es ein Investor tun, der künftig aufgrund der Markterweiterung durch den Euro wesentlich mehr und problemlosere Kapitalanlagemöglichkeiten haben wird als bisher.

Das Mietrecht insgesamt sollte gegliedert werden in existenzielle und nicht existenzielle Regelungen.

Neues Miet-Vertragsrecht

Verträge müssen wieder verständlich sein

Dem Miet-Vertragsrecht, in dem alle nicht existenziellen Punkte geregelt sein können, sollte zum Schutz des Mieters Klarheit, Verständlichkeit und Überschaubarkeit vorgeschrieben werden. Es sollte kein Platz für schwammige Formulierungen sein, die zweifelhafte Vorteile für Vermieter beinhalten.

Diese „Klarheit der Bedingungen“ sollte Maßstab bleiben. Welche Bedingungen der Eigentümer und Vermieter jedoch als wichtig ansieht, wird von ihm bestimmt. Selbstverständlich gilt dieses Recht auch für den Mieter. Auch er kann das Mietverhältnis von Voraussetzungen abhängig machen und Bedingungen in den Vertrag aufnehmen. Wichtig ist nur, daß sich beide Parteien vor Vertragsabschluß einigen, wie es sonst bei Geschäften erforderlich ist.

Beispiel:

Wenn der Vermieter bei der Vermietung zur Bedingung macht, daß kein Hund gehalten werden darf, weil er als Privatvermieter in seinem Haus keine Hunde mag, so weiß das der Mieter von vornherein und kann entscheiden, ob er unter diesen Bedingungen die Wohnung mieten möchte.

Ausgemachte Bedingungen müssen bindend sein

Empfehlung:

Für solche Themen, wie auch die Ausführung sogenannter Schönheitsreparaturen bzw. malermäßige Instandhaltung, müßten individuelle, praxisnahe Vertragsregelungen zulässig sein.

Im Streitfalle sollten die Gerichte beauftragt sein, pragmatische Lösungen des Einzelfalles herbeizuführen.

Freier Wohnungsmarkt

Zu den existenziellen Punkten gehören zweifellos die Miete, die Mieterhöhung und die Kündigung.

Angebot und Nachfrage entscheiden über die Miethöhe

Im Sinne des freien Marktes muß es für die Vermietung von freifinanzierten Wohnungen eine „freie Miete“, bestimmt durch Angebot und Nachfrage, geben.

Neue Miethöhe-Regelungen

Miethöhegesetz und Mietspiegel: Relikte aus der „Staatslenkung"

Das bisherige Miethöhegesetz ist, neben dem Baurecht, ebenfalls ein perfektes „Marktverhinderungsgesetz" und gehört, einschließlich des Begriffes der „ortsüblichen Miete", in das Geschichtsbuch. Die gleichmachende „ortsübliche Miete" ist fehl am Platze. Wie ein Rasenmäher schneidet der Mietspiegel alle Mieten zurecht und nimmt auf den Umstand, daß Immobilien Unikate sind und das Wohnen eine individuelle Angelegenheit ist, keine Rücksicht. Zum Beispiel sind von den Bewirtschaftungskosten (Kapitalzinsen, Verwaltungs- und Instandhaltungskosten usw.) nur die Betriebskosten erwähnt. Von der Höhe dieser anderen Kosten nimmt der Mietspiegel keine Notiz. Für den Vermieter aber ist der Umstand, eine Miete zu erzielen, die mindestens seine Kosten der Immobilie deckt, ein existenzieller Aspekt, hinter dem die allgemeine, ortsübliche Miete zurücktritt.

Ein wichtiger Umstand ändert sich durch den Euro: Der Immobilien-Investor, der künftig daran interessiert ist, Wohnungen zu bauen, agiert auf einem freien, europäischen Markt und hat nicht mehr nur in Deutschland, sondern zum gleichen Geld in letztlich 15 europäischen Ländern Investitionsmöglichkeiten. Also wird er sich auch in bezug auf die Vermietungsmiete am europäischen Markt orientieren.

Bei freiem Wohnungsmarkt: Zustrom von Investoren

Diejenigen Länder, die einen freien Wohnungsmarkt zulassen, werden einen entsprechenden Zufluß an Investitionen verzeichnen können, und in den Ländern, die es bei der derzeitigen Mietenpolitik belassen, wird es keinen wesentlichen Wohnungsneubau mehr geben, denn jeder Investor wird an die „Zeit nach dem Bau" denken, und dann gilt die Vermietungsmiete.

In Anbetracht der Geldstabilität des Euro, geringer Inflation und niedrigen Zinsen ist mit nur geringen Kostenschwankungen für Vermieter zu rechnen, d. h., die vereinbarte Nettomiete dürfte für Jahre relativ konstant bleiben, soweit sich der Immobilienmarkt in der Waage hält und nicht durch politische Veränderungen angeheizt wird.

Neues Mieterhöhungsverfahren

Zunächst muß das Mieterhöhungsverfahren verwaltungsmäßig stark vereinfacht werden. Das bisherige, schriftliche Zustimmungsverfahren mit Klage vor Gericht ist eine Zumutung – sowohl für den Mieter als auch für den Vermieter! Das „Ein Mann ein Wort"-Prinzip sollte wieder gelten. Das heißt: Nach ausreichender Ankündigungszeit (von z. B. drei Monaten) gilt die vom Vermieter vorgelegte neue Miete, es sei denn, der Mieter widerspricht. Bei Widerspruch sollten die Parteien verpflichtet sein, miteinander zu verhandeln und einen Kompromiß anzustreben. Sollte diese Verhandlung zu keinem Ergebnis führen, dann kann erst das Gericht angerufen werden. Das Gericht wiederum sollte verpflichtet sein, eine pragmatische Lösung des Einzelfalles herbeizuführen.

Statt Mietspiegel: ein Prozentsatz vom Verkehrswert als Obergrenze der Miete

Es ist vorstellbar, daß der Mieterbund auf eine Grenze in der Miethöhe bestehen wird. Hier bieten sich zwei einfache Möglichkeiten an:

- Die Mieterhöhung darf, ähnlich der Kappungsgrenze, einen bestimmten Prozentsatz im Jahr nicht übersteigen.
- Die Miete darf insgesamt, ähnlich der französischen Lösung, einen bestimmten Prozentsatz vom Verkehrswert der Immobilie nicht wesentlich übersteigen.

Beispiel:

- Prozentsatz 5 %
- Größe der Wohnung 70 m^2
- Verkehrswert der Wohnung 4000,– Euro pro m^2 = 280 000,– Euro
- zulässige Jahresmiete somit 14 000 Euro

Wichtig:

Im Streitfall hat der Vermieter den Verkehrswert seiner Wohnung (innerhalb einer gewissen Toleranzgrenze) glaubhaft zu machen. Wird zwischen Mieter und Vermieter keine Einigung erzielt, kann das Gericht angerufen werden, das um eine pragmatische Lösung bemüht sein muß.

Wenn sich dieser obige Prozentsatz im Rahmen der durchschnittlichen Spanne der Bewirtschaftungskosten bewegt, wäre die sich ergebende Miete eine vernünftige Basis für beide Seiten. Es bedürfte keiner Mietspiegel – die Erstellungskosten sind bekanntlich nicht unerheblich – und keiner besonderen Verfahrensart!

Neue Kündigungsregelungen

Bei mobilen Mietern auch „mobile" Kündigungen nötig

Grundsatz 1: Ausgangspunkt sind die Bedingungen bei Abschluß des Mietvertrages. Ändern sich diese Mietvertragsbedingungen, kann das Mietverhältnis vom anderen Vertragsteil gekündigt werden.

Hintergrund dieses Satzes sind vor allem die vielfältigen Partnerbeziehungen und Scheidungen, die zu Änderungen der jeweiligen Mietvertragsparteien führen.

Beispiel:

Ein Paar trennt sich, damit ändern sich die Bedingungen gegenüber der Vermietung. Und somit muß der andere Vertragspartner (Vermieter), der ja an dieser Veränderung nicht beteiligt ist, zumindest gefragt werden, ob er mit der neuen Konstellation einverstanden ist. Es kann nicht angehen, daß der Mieter „macht, was er will" und der andere Vertragspartner, der ihm diese Wohnung aus seinem Besitz zur Verfügung stellt, alles hinnehmen muß.

Empfehlung:

Grundsätzlich sollte immer dann, wenn sich die Bedingungen der Vermietung ändern, dem anderen Vertragsteil ein Kündigungsrecht zustehen. Ob er es auch wahrnimmt, ist eine andere Sache. Und es läßt sich natürlich darüber diskutieren, wie lange die Kündigungs- und Räumungsfrist sein muß, um unnötige Härten für den Mieter zu vermeiden.

Vertraglich nicht voraussehbar ist der Fall, daß der Vermieter die Wohnung selbst benötigt, nämlich im Falle des sogenannten Eigenbedarfs.

Grundsatz 2: Kündigung wegen Eigenbedarfs sollte erleichtert werden.

Eigenbedarf geht vor

Die Rechtsprechung der Gerichte hat den Eigenbedarf an so hohe Bedingungen geknüpft, daß sie zugunsten des Mieters verschoben sind. Man denkt hier noch immer an die „Familie".

Wenn man aber die anstehenden Veränderungen bedenkt, handelt es sich nurmehr um ein Problem der „Zeit": Wenn nun im Falle einer Kündigung der Vermieter verpflichtet wäre, zunächst mit dem Mieter über die Zeitdauer des Auszugs (und ggf. andere Modalitäten) zu verhandeln, wäre ein wichtiger Schritt zur Partnerschaft gewonnen. Erst wenn keine Einigung erzielt werden kann, darf das Gericht angerufen werden, das zu einer pragmatischen Lösung des Einzelfalles aufgerufen ist.

Wichtig:

Schwierig wird der Fall zu beurteilen sein, wenn es Streit gibt, sei es zwischen Mieter und Vermieter oder zwischen den Mietern untereinander. Für diesen Fall sollte weiterhin die bestehende Sozialklausel gelten, wonach der Vermieter nur kündigen kann, wenn diese Kündigung berechtigt ist.

Neues Mietrecht: ausgewogen und flexibel

Das neue Mietrecht sollte insgesamt so ausgewogen und flexibel gestaltet sein, daß es die künftigen Veränderungen nicht behindert, sondern begleitet.

6. Die Reform des sozialen Wohnungsbaus: regionale Förderung durch die Kommune

Die bisherigen Ausführungen betrafen das Verhältnis zwischen Investor und den oberen Mietergruppen. Aber auch die mittleren und unteren Bevölkerungsgruppen benötigen (weiterhin) Mietwohnungen, und der Staat kann sich dieser Verantwortung nicht entziehen.

Die Frage stellt sich: Was ist das Bedürfnis dieser Bevölkerungsschichten? Es dürften im wesentlichen zwei Hauptbedürfnisse sein:

- ein „Dach über dem Kopf"
- eine „bezahlbare Miete"

Bereiche wie „Komfort und Ausstattung" können und müssen zweitrangig sein.

Die Kommune legt die zu fördernden Lebensumstände fest

Der wesentlichste Punkt aber liegt im Lebensabschnitt. Der Mensch durchläuft, wie in Kapitel 2 dargestellt, verschiedene Lebensphasen und unterscheidet sich in bezug auf Beruf, Einkommen usw. Diese Umstände sind der Kommune bestens bekannt, und deshalb sollte die öffentliche Förderung beim Menschen ansetzen.

Wichtig:

Sozialer Wohnungsbau sollte künftig bedeuten, daß die Kommune festlegt, welche Art von Lebensphase gefördert werden soll.

Beispiele:

Eine Universitätsstadt legt fest, daß Studentenwohnungen – für den Lebensabschnitt „Studium" – gefördert werden sollen. – Eine „Arbeiterstadt" legt fest, daß junge Familien mit zwei und mehr Kindern gefördert werden sollen, und zwar bezogen auf die Lebenszeit, in der die Kinder tatsächlich Kinder sind.

Empfehlung:

Nach dem Prinzip der Regionalität der Immobilienmärkte sollte es im Bereich des sozialen Wohnungsbaus keine globale „Bundesförderung“, sondern ausschließlich regionale Förderungen durch die Kommune geben. Sie legt fest, wie die öffentlichen Mittel eingesetzt werden sollen, und sie muß sich dem Votum der Bürger stellen.

Wie können nun Investoren für den sozialen Wohnungsbau gewonnen werden? – Der Investor baut zum Beispiel ein „normales“ Mietwohnhaus, und die Kommune kauft sich über ein zeitlich befristetes Belegungsrecht zu einer gemeinsam vereinbarten Miete ein. Der Mieter wird im Mietvertrag vor dem Einzug darauf hingewiesen, daß diese Förderung nur für eine bestimmte, schriftlich festgelegte Lebensphase erfolgt, und danach wieder die allgemeine Marktmiete gilt. Der Investor hätte den Vorteil, in der Gemeinde einen „sicheren“ Partner zu haben, und der gesamte Verwaltungsaufwand mit Fehlbelegungsabgabe, Wohnungsaufsicht usw. würde entfallen.

7. Immobilien-Preis-Prognosen

Längerfristig gesehen werden die Bau- und Immobilienpreise eher fallen als steigen, und zwar auf Grund folgender Einflüsse:

Immobilienpreise werden fallen

- In der derzeitigen Konvergenzzeit befindet sich die Immobilienbranche in einem „Wellenbruch“: In einem Konjunkturtief ist allgemein mit fallenden Immobilienpreisen zu rechnen.

  Diese Tendenz ist allgemein und auf vielen Märkten unterschiedlich stark spürbar. Auch wenn die Immobilienpreise in einigen regionalen Märkten nicht wesentlich sinken werden, werden sie zumindest auch nicht oder nicht deutlich ansteigen.

Der Euro wird keine Immobilien-Euphorie auslösen

- Die Umstellung auf den Euro verursacht keine „Flucht in die Sachwerte“.

Euro-Dollar-Verhältnis entscheidend für die Stärke des Euros

Auch wenn die Konvergenzkriterien in einem bestimmten Rahmen verändert werden sollten, wird es keinen „weichen" Euro geben. Wenn sich die wirtschaftlich stärksten europäischen Länder dem Euro angeschlossen haben, und damit ist längerfristig zu rechnen, kann es „Weichheit" nur noch gegenüber dem Dollar geben. Aber auch dieser Fall wäre nicht dramatisch, sondern es ergibt sich im Prinzip nur diejenige Kurs-Situation, wie sie derzeit zwischen DM und Dollar besteht.

Preisstabilität löscht das Argument der Wertsteigerung aus

- Aufgrund der Euro-Philosophie der Preisstabilität wird es keine wesentliche Inflation mehr geben.

  In früheren Zeiten hat die Inflation automatisch die Preise in die Höhe getrieben. Da dieser Vorgang nicht oder nicht wesentlich eintreten wird, wird es keine inflationsbedingten Preiserhöhungen geben. Dies wiederum bedeutet, daß es nach der Euro-Umstellung auch keine währungs- und inflationsbedingten Wertsteigerungen bei Immobilien geben wird.

Der Euro wird den Wettbewerb verschärfen

- Das deutsche, aufwendig erstellte „Immobilien-Unikat" wird im gesamteuropäischen Rahmen nicht mehr wettbewerbsfähig sein.

  Niederländer, Dänen und andere bauen, bei gleicher Qualität, zu wesentlich niedrigeren Kosten. Diese Unternehmen können Häuser und Eigentumswohnungen erheblich preiswerter anbieten. Somit wird eine verschärfte Markt- und Wettbewerbssituation eintreten, die keine weiteren Preissteigerungen zuläßt.

Fundstellen

1 Wohnungswirtschaftliche Informationen 6/1997, S. 10

2 Zeitschrift Bauindustrie aktuell, Ausgabe 11/12/96 des Hauptverbandes der Deutschen Bauindustrie e.V.

3 Hans-Dieter Mayerhofer in: „Geldanlage in der Inflation", Verlag moderne Industrie, Zürich

4 Hans-Dieter Mayerhofer, ebenda

5 Seidel/Temmen: Grundlagen der Betriebswirtschaftslehre, Verlag Gehlen

6 WestLB-Westdeutsche Landesbank Düsseldorf in: Helmut Jenkis: Kompendium der Wohnungswirtschaft, Oldenbourg Verlag, S. 164

7 BAG Handelsmagazin, Ausgabe 12/96, S. 24 ff.

8 Statistisches Jahrbuch 1996, S. 66, Statistisches Bundesamt

9 Statistisches Bundesamt, veröffentlicht in: BAG Handelsmagazin 8/96

10 ebenda

11 Statistisches Jahrbuch 1996, Statistisches Bundesamt

12 BAG Handelsmagazin, Ausgabe 12/94

13 ebenda

14 Drucksache 13/2247 des Deutschen Bundestages vom 29.8.1995: Handlungsrahmen der Bundesregierung für eine Initiative zum kosten- und flächensparenden Bauen; Bericht der Kommission zur Kostensenkung und Verringerung von Vorschriften im Wohnungsbau: „Mehr Wohnungen für weniger Geld"

15–16 ebenda

17 W. Gemünd: Die Grundlagen zur Verbesserung der städtischen Wohnverhältnisse, Verlag von Julius Springer, Berlin

18 ebenda

19 Drucksache 13/2247 (wie Fundstelle 14)

20 Regierungserklärung der jeweiligen Bundesregierung

21 Drucksache 13/2247 – Expertenkommission (wie Fundstelle 14), S. 43

22 Symbolische Darstellung in Anlehnung an J. Simon: Anmerkungen zur Neufassung der Wertermittlungsverordnung (Kleiber/Simon/Weyers: Wert '88 – Wertermittlungsverordnung 1988, Bundesanzeiger, Köln

23–26 Drucksache 13/2247 – Expertenkommission (wie Fundstelle 14)

27 Urteil des Amtsgerichts Nürnberg, veröffentlicht in: Zeitschrift Deutsche Wohnungswirtschaft 1996, 87

28 R. Pachowsky: Immobilienhandbuch für Profis, Walhalla Fachverlag, Regensburg, Bonn

29 Immobilienzeitung vom 20.2.1997, Quelle: RDM

30–32 R. Pachowsky: Immobilienhandbuch für Profis, Walhalla Fachverlag, Regensburg, Bonn

33–34 R. Pachowsky: Profi-Handbuch Wohnungs- und Hausverwaltung, Walhalla Fachverlag, Regensburg, Bonn

35 Großsiedlungsbericht 1994 des Deutschen Bundestages, Drucksache 12/8406

36 Zitat von Peter Drucker in Kotler/Bliemel: Marketing-Management, Verlag C. E. Poeschel

37 Kotler/Bliemel: Marketing-Management, Kapitel 16, Verlag C. E. Poeschel

38 wie Fundstelle 35

39 Rahmenstoffplan des DIHT zum/zur „Kaufmann/Kauffrau in der Grundstücks- und Wohnungswirtschaft", Stand März 1996

Fundstellen

40 Rahmenstoffplan des DIHT zum/zur „Fachwirt/Fachwirtin in der Grundstücks- und Wohnungswirtschaft", Stand Juli 1996
41 ivb Zeitschrift für berufskundliche Informationen und Dokumentation, „Berufe in der Immobilienwirtschaft" Nr. 18/97, Bundesanstalt für Arbeit, Nürnberg
42–43 Jahresbericht 1995 des Europäischen Währungsinstituts, Frankfurt a. M., 1996
44–50 Broschüre „Der Euro", herausgegeben vom Bundesministerium der Finanzen, Bonn
51a Drucksache 13/2247 (wie Fundstelle 14)
51b Expertise: Kostengünstiger Wohnungsbau in den Niederlanden, veröffentlicht im Bundesanzeiger, Bonn
51c Zeitschrift Bellevue, Ausgabe 5/1997
51d Claus Hachmann in: Zeitschrift für die Wohnungswirtschaft Bayern, Ausgabe 6/1996
51e L. Heinl (Hrsg.): Immobilien kaufen im Ausland, Walhalla Fachverlag, Regensburg, Bonn
51f Zeitschrift Bellevue, Ausgabe 5/1997
51g J. Hermann in: Zeitschrift der Wohnungswirtschaft Bayern, Ausgabe 4-5/1997
51h L. Heinl (Hrsg.), Immobilien kaufen im Ausland, Walhalla Fachverlag, Regensburg, Bonn
52a Zeitschrift Bellevue, Ausgabe 1/1997
52b L. Heinl: Immobilien kaufen in Spanien, Walhalla Fachverlag, Regensburg, Bonn
52c–52d Zeitschrift Bellevue, Ausgabe 1/1997
53 Lester Thurow: Head to head, Morrow Verlag, New York
54 Institut der deutschen Wirtschaft in BAG Handelsmagazin 2/1997
55–56 Klaus Schrape in: Multimedia in der Wohnungswirtschaft, WIB Kolleg Verlag, Berlin
57 Deutscher Bundestag: Änderung des Baugesetzbuches (Drucksache 13/758)
58 Städtebaulicher Bericht: Nachhaltige Stadtentwicklung, Deutscher Bundestag, Drucksache 13/5490
59 Beschlußempfehlung und Bericht des Ausschusses für Raumordnung, Bauwesen und Städtebau, Drucksache 13/7465 vom 18. 4. 1997

Stichwortverzeichnis

Stichwortverzeichnis